科学思维能力训练

宋新芳 宿玥 刘丽静 主　编
孙国红 王玥玥 赵岩 章青 吴生根 副主编

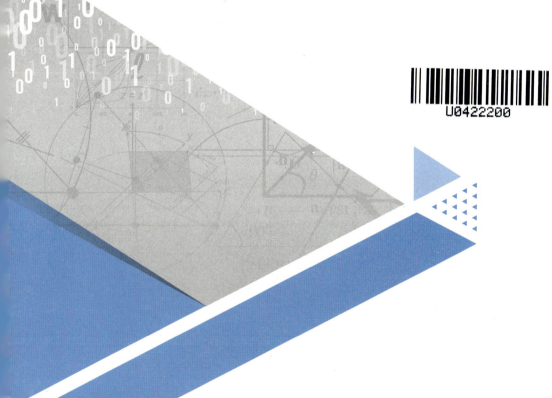

清华大学出版社
北京

内容简介

本书旨在通过系统的、严格的、有层次的逻辑思维能力和科学思维能力训练,提高学生的思维能力和思维兴趣,增强学生的综合素质,使学生在面对项目、目标、问题、困难时能够学会思考,在完成任务和工作时有积极和科学的思维能力。本书主要内容包括两部分,第一部分为逻辑思维的能力训练,包括逻辑思维、图形逻辑、数字逻辑等,目的是引发学生思考的积极性,引导学生积极面对问题、解决问题,从而提高学生解决问题的能力;第二部分为科学思维的能力训练,包括线性规划、统筹、公平分配、借势思维、调度、墨菲定律、思维导图等,目的是提高学生的情商、思维等,使学生敢于面对困难,从而增强解决困难的决心。

本书可作为职业院校逻辑思维或科学思维课程教材,也可作为社会人士提升科学思维能力的参考用书。

本书封面贴有清华大学出版社防伪标签,无标签者不得销售。
版权所有,侵权必究。举报:010-62782989,beiqinquan@tup.tsinghua.edu.cn。

图书在版编目(CIP)数据

科学思维能力训练/宋新芳,宿玥,刘丽静主编. —北京:清华大学出版社,2022.2(2022.8重印)
ISBN 978-7-302-59958-6

Ⅰ.①科… Ⅱ.①宋… ②宿… ③刘… Ⅲ.①科学思维—能力培养 Ⅳ.①B804

中国版本图书馆CIP数据核字(2022)第018534号

责任编辑:张 弛
封面设计:刘 键
责任校对:袁 芳
责任印制:沈 露

出版发行:清华大学出版社
网　　址:http://www.tup.com.cn,http://www.wqbook.com
地　　址:北京清华大学学研大厦A座　　邮　编:100084
社 总 机:010-83470000　　邮　购:010-62786544
投稿与读者服务:010-62776969,c-service@tup.tsinghua.edu.cn
质量反馈:010-62772015,zhiliang@tup.tsinghua.edu.cn
课件下载:http://www.tup.com.cn,010-83470410

印 装 者:三河市君旺印务有限公司
经　　销:全国新华书店
开　　本:185mm×260mm　　印　张:7.5　　字　数:171千字
版　　次:2022年3月第1版　　　　　　印　次:2022年8月第2次印刷
定　　价:40.00元

产品编号:089690-02

前言

依托于信息时代的迅猛发展,尤其是移动支付、共享经济等新科技的普及使用,大学生必须具备迅速掌握理论知识并能运用科学思维进行深层次思考,完成数字信息处理的整合能力。各大企业对于人才的需求,也基本聚焦于思维灵活性上。思维敏捷,同时具备完整的、灵活的逻辑思维能力和科学思维能力,能够掌握正确思考问题的方法,善于利用知识、思维和工具解决学习与工作中的困难,这些都是各企事业单位要求人才具备的思维能力。培养大学生良好的思维能力,是目前各个高校的首要任务。

当代大学生不仅需要具备熟练的专业技术、优质的科学思维能力和可持续的自我学习能力,还要掌握快捷的信息处理能力。作为高等院校教育者,必须将培养大学生的科学思维能力落实在实践教学中。因此,编者所在团队编写了《科学思维能力训练》这本书,旨在培养大学生的科学思维能力。

本书的总体教学目标是:高校对学生实施多方位、多角度的思维能力训练,使学生面对问题会思考,面对任务有方法,面对困难能突破。在实践中教师不断培养学生科学、信息与思维的应用意识,增强学生综合素质,努力使学生具有优秀的人格素质和职业素质,尽快被企事业单位接纳。

本书以大学生的培养目标为出发点,以"应用"为主旨,重视实践能力培养,突出应用性和针对性。该书强调以学生为主体的教学方式,结合项目教学法、任务教学法、案例教学法、行动导向教学法等,教师引导学生掌握优质的思维方式,提高他们解决问题和面对困难、挫折的能力。

本书主要包括逻辑思维训练、逻辑推理能力训练、图形推理训练、数字推理训练、博弈模型、突破思维定势、墨菲定律、统筹思维、思维导图等。本书设有15个教学任务,每个任务都是由师生共同探索、共同研究、共同实施,由教师主导变成学生主导,师生共同解决问题,然后进行反思、总结,共同进步。课程结束后,再结合不同的条件设置不同的课下研究问题,由学生个人或小组合作完成,在实际操作中掌握每一个项目点、任务点,达到良好的教学效果。

本书由多位经验丰富的教师经过多次实践教学,反复修改,共同编写,具体分工如下:王玥玥老师负责编写任务1和任务2;宿玥老师负责编写任务3~任务5;刘丽静老师负责编写任务6和任务7;吴生根老师负责编写任务8;章青老师负责编写任务9和任务10;赵岩老师负责编写任务11;孙国红老师负责编写任务12;宋新芳老师负责编写任务13~任务15。刘辉老师和王少强老师负责全书审稿。

"科学思维能力训练"的课程建设在教学思想、教学观念、教学方法和教学手段上进行了整体设计与构思。高校"基础类课程"教师可以借助本书培养大学生的创新思维和科学思维。由于编者水平有限、经验不足,内容尚待进一步改进、充实和完善。愿请各位读者、同行和专家批评、指正,以期进一步修订和完善。

编　者
2021 年 7 月

教学课件

教学资源

目 录

任务 1　了解科学思维 ……………………………………………………… 1
任务 2　逻辑思维训练 ……………………………………………………… 7
任务 3　逻辑推理能力训练 ………………………………………………… 11
任务 4　简单元素图形推理训练 …………………………………………… 23
任务 5　多元素图形推理训练 ……………………………………………… 32
任务 6　简单数字推理训练 ………………………………………………… 39
任务 7　复杂数字推理训练 ………………………………………………… 47
任务 8　数独 ………………………………………………………………… 57
任务 9　博弈论初步介绍 …………………………………………………… 67
任务 10　博弈论的简单应用 ………………………………………………… 77
任务 11　突破思维定势 ……………………………………………………… 84
任务 12　墨菲定律 …………………………………………………………… 90
任务 13　借势思维与运筹调度 ……………………………………………… 97
任务 14　统筹思维与公平分配 ……………………………………………… 101
任务 15　思维导图总结 ……………………………………………………… 105
参考文献 ……………………………………………………………………… 111

任务1 了解科学思维

【任务内容】

众所周知,我们已进入信息技术高速发展的时代,新信息技术正在逐步改善我们的生活。在这样一个竞争越发激烈的综合环境下,大学生想要在严酷的社会中占有一席之地,不单单需要掌握过硬的技术,还必须具备必要的逻辑思维能力和科学思维能力。信息技术竞争的高智能化,使人们认识到只拥有技术和必要的基础知识是远远不够的,不能指导我们解决实际问题并完成创新,只有通过良好的科学思维才能完成加工处理。通过认真观察周围优秀的人会发现,他们无不是具有卓越思维能力的人。

那么,科学思维的力量真的如此强大吗?为什么思维会对人有如此大的影响呢?早在20世纪40年代,欧美国家的一些科学家就开始对人的大脑思维进行深入研究,希望能够揭开人类智慧的本质。通过研究发现,那些具有创造思维和科学思维的人比一般人更善于思考,更懂得如何提炼有用信息,更善于驾驭和运用知识解决新问题。因此,这些人往往比其他人获得更多的信息、拥有更多的知识。一个人要想在激烈的脑力竞争中生存,就要学会锻炼自己僵化的头脑、摒弃简单的思维模式,让自己成为一个思维技能训练有素的人。

知识固然重要,但它不一定能让我们变得有智慧。因为,一个人智力的90%取决于他拥有什么样的思维,而知识只占10%。这也是为什么现代人虽然在知识的拥有量上远远超过古人,但却达不到孔子和牛顿的智慧高度。爱因斯坦曾说过:"如果仅仅死记书本上可以翻到的东西,什么事件啦、人名啦、公式啦,等等,根本就不用上大学。"也就是说,一直以来,学校教给我们的主要是知识教育,而非思维教育。所以,我们的思维也需要接受训练,一种可以让一个有许多知识的头脑变得更灵活、更富创造力的训练。

爱迪生曾说过:"天才,就是百分之一的灵感加百分之九十九的努力!"其实,我们每个人都有一座金矿,这座金矿不是别的,就是我们自己的大脑。拥有大脑就能思维,就能在世界上创造出形形色色的奇迹。就成功而言,一个人头脑中那百分之一的灵感才是最宝贵的。但遗憾的是,很少有人去研究那最宝贵的百分之一并去提高那最宝贵的百分之一。

一、思维

思维是在表象、概念的基础上进行分析、综合、判断、推理等认识活动的过程。思维是人类的一种精神活动,是从社会实践中产生的。思维以感知为基础,又超越感知的界限,涉及所有的认知或智力活动。它探索与发现事物的内部本质联系和规律性,是认识过程的高级阶段。

科学思维能力训练

思维是对事物的间接反映,它通过其他媒介作用认识客观事物,借助已有的知识、经验和已知条件推测未知的事物。思维过程是一个从具体到抽象,再从抽象到具体的过程,其目的是在思维中再现客观事物的本质,达到对客观事物的具体认识。思维规律由外部世界的规律所决定,它是外部世界规律在人的思维过程中的反映。

20世纪初,巴甫洛夫高级神经活动学说初步揭示了思维的神经生理机制,从物质运动形式上对思维做出重大研究成果。20世纪50年代以后,随着脑科学取得的重大进展又进一步揭示了思维的物质运动性质。新近兴起的认知科学、信息论和计算机科学的发展,为深入地研究人的思维开辟了新的途径。

二、思维的重要性

一位著名的物理学家曾说过:"重要的不是获得知识,而是发展思维能力。教育无非是一切已学过的东西都遗忘掉的时候所剩下来的东西。"大量事实也表明,个人的观察、分析、判断、理解、思考、决策、创意、策划、想象、洞察和战略规划等思维技能是否成熟、是否接受过系统的训练,将决定个人未来的职业发展前途。

我们应该知道,青年时期是培养和训练科学思维方法和思维能力的关键时期,无论在学校还是在社会,都要把学习同思考、观察同思考、实践同思考紧密结合起来,保持对新事物的敏锐。强调养成历史思维、辩证思维、系统思维、创新思维的习惯,终身受用。

在当今这个知识爆炸的时代,随着人才竞争的日趋激烈和高智能化,越来越多的人认识到只拥有知识是远远不够的。因为知识本身并不能告诉人们如何运用知识,如何解决问题,如何创新,而这一切都要靠思维来解决。那些在社会上有所成就的人无不是具有卓越思维能力的人。

思维能力既来自遗传天赋,更有赖于后天的培养和训练。科学思维训练就是通过各种各样的训练问题,促使人们运用思维进行分析、综合、比较、抽象和概括,从而训练自己高超的思维技巧,使头脑变得越来越聪明,越来越灵活。

三、思维的过程

思维是对新输入信息与脑内储存知识经验进行一系列复杂的心智操作过程,包括分析、综合、比较、分类、抽象和概括六个过程。

1. 分析

分析是把一个事件的整体分解为各个部分,并把这个整体事件的各个属性都单独地分离开的过程。

2. 综合

综合就是分析的逆向过程,它是把事件里的各个部分、各个属性都结合起来,形成一个整体的事件。

3. 比较

比较是在头脑中确定对象之间的差异点和共同点的思维过程。

4. 分类

分类是根据对象的共同点和差异点，把它们区分为不同类别的思维方式。

5. 抽象

抽象是把事件的共有特征、共有属性都抽取出来，并对与其不同的、不能反映其本质的内容进行舍弃。

6. 概括

概括是以比较作为其前提条件，比较各种事件的共同之处和不同之处，并对其进行同一归纳。

四、思维的种类

按照不同的分类依据，可以将思维分为不同的种类。

1. 根据思维的凭借物和解决问题的方式分类

根据思维的凭借物和解决问题的方式，可以把思维分为直观动作思维、具体形象思维和抽象逻辑思维。

（1）直观动作思维

直观动作思维又称为实践思维，是凭借直接感知，伴随实际动作进行的思维活动。实际动作便是这种思维的支柱。

（2）具体形象思维

具体形象思维是指运用已有表象进行的思维活动。

表象便是这类思维的支柱。表象是当事物不在眼前时，在个体头脑中出现的关于该事物的形象。人们可以运用头脑中的这种形象进行思维活动。形象思维具有三种水平：第一种水平的形象思维是幼儿的思维，它只能反映同类事物中的一些直观的、非本质的特征；第二种水平的形象思维是成人对表象进行加工的思维；第三种水平的形象思维是艺术思维，它是一种高级的、复杂的思维形式。人们通常所说的形象思维是指第一种水平。

（3）抽象逻辑思维

抽象逻辑思维是指以概念、判断、推理的形式达到对事物的本质特性和内在联系认识的思维。概念是这类思维的支柱。概念是人类反映事物本质属性的一种思维形式，因此，抽象逻辑思维是人类思维的核心形态。科学家研究、探索和发现客观规律，学生理解、论证科学的概念和原理以及日常生活中人们分析问题、解决问题等，都离不开抽象逻辑思维。

2. 根据思维过程是以日常经验还是以理论为指导分类

根据思维过程是以日常经验还是以理论为指导，可以把思维分为经验思维和理论思维。

（1）经验思维

经验思维是指以日常生活经验为依据，判断生产、生活中的问题的思维。例如，人们对"月晕而风，础润而雨"的判断；儿童凭自己的经验认为"鸟是会飞的动物"；人们通常认为"太阳从东边升起，往西边落下"等都属于经验思维。

(2) 理论思维

理论思维是指以科学的原理、定理、定律等理论为依据，对问题进行分析、判断的思维。科学家、理论家运用理论思维发现事物的客观规律。教师利用理论思维传授科学理论，学生运用理论思维学科中的公式、定理法则进行推导、证明与判断等，都需要抽象逻辑思维。

3. 根据思维结论是否有明确的思考步骤和思维过程中意识的清晰程度分类

根据思维结论是否有明确的思考步骤和思维过程中意识的清晰程度，可以把思维分为直觉思维和分析思维。

(1) 直觉思维

直觉思维是指未经逐步分析就迅速对问题答案做出合理的猜测、设想或突然领悟的思维。例如，医生听到患者的简单自述，迅速做出疾病的诊断；公安人员根据作案现场情况，迅速对案情做出判断。

(2) 分析思维

分析思维是指经过逐步分析后，对问题解决做出明确结论的思维。例如，学生解几何题的多步推理和论证；医生面对疑难病症的多种检查、会诊分析等的思维。

4. 根据解决问题时思维的方向分类

根据解决问题时思维的方向，可以把思维分为聚合思维和发散思维。

(1) 聚合思维

聚合思维又称求同思维、集中思维，是指把问题所提供的各种信息集中起来得出一个正确的或最好的答案的思维。例如，学生从各种解题方法中筛选出一种最佳解法；工程建设中将多种实施方案经过筛选和比较找出最佳方案等的思维。

(2) 发散思维

发散思维又称求异思维、辐射思维，是指从一个目标出发，沿着各种不同途径寻求各种答案的思维。例如，数学中的"一题多解"；科学研究中对某一问题的解决提出多种设想；教育改革中多种方案的提出等的思维。

聚合思维与发散思维都是智力活动中不可缺少的思维，都带有创造的成分，而发散思维最能代表创造性特征。

5. 根据思维的创新成分的多少分类

根据思维的创新成分的多少，可以把思维分为常规思维和创造性思维。

(1) 常规思维

常规思维是指人们运用已获得的知识经验，按照惯常方式解决问题的思维。例如，学生按例题的思路解决练习题和作业题；学生利用学过的公式解决同一类型的问题等。

(2) 创造性思维

创造性思维是指以新异、独创的方式解决问题的思维。例如，技术革新、科学的发明创造、教学改革等所用到的思维都是创造性思维。

五、思维的属性

思维具有概括性和间接性两种属性。

1. 概括性

思维的概括性是建立事物之间的联系,把具有相同性质的事物抽取出来,对其加以概括,并得出认识。

2. 间接性

思维的间接性是通过其他表征来推断事物的能力。例如,警察通过寻找罪犯在犯罪现场留下的痕迹,就可以在脑中推断出罪犯在现场作案时的场景。医生给患者看病时,通过患者描述症状以及一些化验就可以得知患者的病情以及感染的何种病毒。思维的这种能力,把本无直接关系的现象联系在一起,使人们无须直接接触某些信息,而是通过这些规律,便可以成功地揭露出这些事物的本质。

思维的概括性和间接性使思维超出了感性的认识范围,超出了现实。例如,人类不能通过感觉来直接理解原子核的变化,但人类可以通过寻找其活动的规律,并对相同的规律加以概括,间接地理解它;发明家可以通过已经存在的物品,通过新的想象,对其加以改进,从而发明出新的物品。

【思维训练】

1. 有一个规则的、容积为1L的木桶。试问,不用其他量具,只用这个木桶,怎样才能准确地量出0.5L的米?

2. 一架绳梯悬挂在轮船舷侧,有6m露在海面上,潮水上涨的时速为0.5m,试问,经过多长时间绳梯只有3m露在海面上?

3. 有3个人去旅店住宿,住3间房,每间房10元,于是他们付给了老板30元。第二天,老板觉得25元就够了,于是就让伙计退5元给这3位客人,谁知伙计贪心,只给每人退回1元,自己偷偷拿了2元。这样一来便等于那3位客人各花了9元,于是3个人一共花了27元,再加上伙计独吞的2元,总共29元。可当初3个人一共付了30元,那么还有1元到哪里去了?

4. 烧绳计时:

(1) 烧一根不均匀的绳要用1小时,如何用它来判断半小时?

(2) 烧一根不均匀的绳,从头烧到尾总共需要1小时。现在有若干条材质相同的绳子,试问,如何用烧绳的方法来计时1小时15分钟呢?

5. 一瓶汽水1元钱,喝完后两个空瓶换1瓶汽水,试问,你有20元钱,最多可以喝到几瓶汽水?

6. 把100块玻璃由甲地运往乙地。按规定,把一块玻璃安全运到,需要花费3元。如果运输途中不小心打碎一块玻璃则要赔偿5元。在结算时共得运输费260元,试问,在运输途中共打碎了几块玻璃?

7. 从前有个农夫,他死后留下了一些牛,他在遗书中写道:妻子得全部牛的半数加半头;长子得剩下的牛的半数加半头,正好是妻子所得的一半;次子得还剩下的牛的半数加半头,正好是长子的一半;长女分给最后剩下的牛的半数加半头,正好等于次子所得牛的一半。结果一头牛也没杀,也没剩下,试问,农夫总共留下多少头牛?

科学思维能力训练

8.5个聪明的学生按 A、B、C、D、E 的顺序在台阶上前后坐成一列,后面的同学能看到前面的同学,前面的同学看不到后面的同学。

老师说:"我这里有 5 顶红帽子,4 顶白帽子,要给你们每人戴上一顶,每个人都看不到自己所戴帽子的颜色。"

戴完后,老师问:"有人知道自己头上帽子的颜色吗?"

无人回答。

老师又问:"现在有人知道了吗?"此时有一个人说:"我知道了。"

请问这个人是谁?他戴着什么颜色的帽子?

任务 2　逻辑思维训练

【任务内容】

了解逻辑思维的概念和主要方法，掌握逻辑思维的分类，会用演绎、归纳、类比推理办法进行逻辑推理。

一、逻辑思维及方法

1. 概述

逻辑思维是一种有条件、有步骤、有根据、渐进式的思维方式，是借助概念、判断、推理等思维形式所进行的思考活动。逻辑思维是指符合某种人为制定的思维规则和思维形式的思维方式，掌握它能保证人们的思维活动按照某种统一的模式进行交流和沟通。

心理学家和教育学家根据年轻人生长发育的特点，提出年轻人主要培养逻辑思维能力。如果你想成为一个思维敏捷的人，在面对巧言诡辩时能廓清迷雾，在遇到复杂情况时能果断处理。如果你想成为一个思维严谨、智力超群、有所作为的人，就需要打好逻辑思维的基础。

一个人的逻辑思维能力并不是很快就能培养和发展起来的，它需要一个长期的训练过程。逻辑思维能力要从激发人的思维动机，理清人的思维脉络，掌握正确的思维方法等几个方面培养。

人的思维是有动机的，当你有某方面的动机时，你的思维才会得到开发和运用。因此，激发思维的动机，以产生行为活动的内动力，是培养一个人思维能力的关键因素。认知心理学家指出："思维能力的发展是寓于知识发展之中的。"所以，对于每一个问题，人们既要考虑它原有的知识基础，又要考虑它下联的知识内容。只有这样，人们才能更好地激发思维，并逐步形成知识脉络。实际上，提高逻辑思维能力的关键在于使思维脉络清晰化，思维脉络一旦理清了，一切问题迎刃而解。

一个人的思维能力在发展过程中有时会出现"卡壳"的现象，会发生一些转折，这就是思维的障碍点。思维遇到障碍点，就意味着你应学会适时地加以疏导、点拨、转变思维，并以此为契机促进思维发展。例如，人们在解决问题时，常常采用转化、分析、综合、假设等方法将问题变成已解决过的问题。那么在这个思维过程中，人们就需要根据具体情况恰当地运用分析与综合、具体与抽象、求同与求异、一般与特殊等思维方法。通过这些思维方法的运用，人们的逻辑思维能力通常会有较大突破。

例如，当人们对事物进行分析与综合的时候，人们的思维就会通过分析、综合，把已经认识到的事物之间的联系从认识中分解开来，并把还未认识到的事物之间的联系在认识中建立起来。恰当地采用分析或综合的思维方法,有利于沟通条件与问题的联系,建立起清晰的思维脉络。因此,当人们对具体问题进行分析与综合时,将有助于思维能力的提高。

这个世界上的任何事物之间既存在差别,又有千丝万缕的联系。通过类比、归纳、演绎,对相关知识进行比较,不但构建了完整的知识体系,也发展了多极化的思维方法,从而能够有效地促进思维的发展,克服思维定势。此外,任何事物之间都存在共性与个性。通过思维引导感知一般与特殊的关系,能够帮助自己树立具体问题具体分析的思维方式,培养自己灵活处理实际问题的能力。

信息化的时代已经到来,面对竞争,人们应当培养什么样的头脑去迎接挑战呢?西方有句谚语:上帝偏爱有准备的头脑。只要你像训练体能一样训练你的逻辑思维能力,那么你的思维就会变得更快、更高、更强;在激烈的智力竞争中,你就能领先一步,更高一筹!

2. 逻辑思维的分类

逻辑思维分为形式逻辑、数理逻辑和辩证逻辑三种类型。

（1）形式逻辑

抛开具体的思维内容,仅从形式结构上研究概念、判断、推理及其联系的逻辑体系,就是形式逻辑,又称为普通逻辑。人们平常说的逻辑,一般是指形式逻辑。

形式逻辑以保持思维的确定性为核心,帮助人们正确地思考问题和表达思想;思维要保持确定性,就要符合形式逻辑的一般规律,即同一律、矛盾律、排中律、充足理由律。

（2）数理逻辑

数理逻辑是在形式逻辑基础上发展而来的新的逻辑分支学科。数理逻辑使用数学的语言和符号,揭示事物和事物之间的数量关系,不仅深化了传统自然科学学科的研究,而且对计算机科学、控制技术、信息科学、生物科学等学科的发展有重要意义。

（3）辩证逻辑

辩证逻辑是按照辩证唯物主义哲学对客观世界的认识方法和思维方式。它的思维原则主要包括全面性原则、动态性原则、实践性原则、具体性原则。

关于辩证逻辑,列宁提出:"不是关于思维的外在形式的学说,而是关于一切物质的、自然的和精神的事物的发展规律的学说,即关于世界的全部具体内容及对它的认识的发展规律的学说。"

二、逻辑思维的方法

逻辑思维方法主要分为演绎推理法、归纳推理法和类比推理法。

1. 演绎推理法

演绎推理就是由一般性前提到个别性结论的推理。按照一定的目标,运用演绎推理的思维方法,取得新颖性结论的过程,就是演绎推理法。例如,凡是真理都是正确的;达尔文的进化论是真理,所以,达尔文的进化论是正确的。这里运用的就是演绎推理法。

演绎推理的主要形式是三段论法。三段论法就是从两个判断中进而得出第三个判断的一种推理方法。上述例子就包含三个判断。第一个判断是"凡是真理都是正确的",提供了一般的原理原则,叫作三段论式的大前提。第二个判断是"达尔文的进化论是真理",指出了一种特殊情况,叫作小前提。联合这两种判断,说明一般原则和特殊情况之间的联系,因此得出第三个判断:"达尔文的进化论是正确的"。

如果作为前提的判断是正确的,中间的推理形式是合乎逻辑规则的,那么,必然能够推出"隐藏"在前提中的知识。这种知识,尽管没有超出前提的范围,但毕竟从后台走到了前台,对人们来说,往往也是新的,而且由于人们常常为了某种实际需要才做这种推理,其结论很可能具有应用价值。这样演绎推理的结论既具有新颖性,又具有实用性。

2. 归纳推理法

归纳推理法包括完全归纳推理和不完全归纳推理。不完全归纳推理又包括简单枚举归纳推理和科学归纳推理。

(1) 完全归纳推理

从一般性较小的知识推出一般性较大的知识的推理,就是归纳推理。在很多情况下,运用归纳推理可以得到新的知识。按照一定的目标,运用归纳推理的思维方法,取得新颖性结果的过程,就是归纳推理法。

例如,1000只大象都是灰色,第1001只大象为白色的可能性总是存在。所有的金属都有导电性,但电阻大小一样,使用场合与效果也不一样,用铁丝充当保险丝就难以胜任,强而为之,后患无穷。

(2) 简单枚举归纳推理

简单枚举归纳推理是列举某类事物中一部分对象的情况,根据没有遇到矛盾的情况,便做出关于这一类事物的一般性结论的推理。例如,花开的时间、天鹅的颜色。

虽然它的结论是或然的,但不一定是错误的,有的是正确的,也就可以提供新知识。在它的结论的基础上,可以继续研究,如果证明是正确的,就得到了新知识。即使证明了是错误的,也从另一方面给了人们新知识。

(3) 科学归纳推理

科学归纳推理是列举某类事物一部分的情况,并分析制约此种情况的原因,以此结果为根据,从而总结出这一类事物的一般性结论的推理方法。

简单枚举归纳推理和科学归纳推理的根据不同,前者只要没有发现矛盾的情况就可以做出结论,后者要根据发现的因果之间的必然联系才能下结论;前者的结论是或然性的,后者的结论要可靠得多;提高前者结论的方法是多找事实,提高后者结论的方法是对事实情况做出科学的分析,找出因果关系。

演绎推理法和归纳推理法是人们对客观现实的两种对立的认识方法的总结。两者既是对立的,又是统一的,缺少任何一面,都无法认识真理。演绎推理法和归纳推理法,仿佛是相反的两种方法,在人们实际认识过程中,两者是辩证的统一。没有归纳就没有演绎,因为演绎的出发点正是归纳的结果,演绎必须以可靠的归纳为基础。同样,没有演绎也没有归纳,因为归纳总是在一般原理、原则或某种假说、猜想的指导下进行的。

3. 类比推理法

类比推理法是根据两个具有相同或相似特征的事物之间的对比,从某一事物的某些已知特征去推测另一事物的相应特征存在的思维活动。类比推理法是在两个特殊事物之间进

科学思维能力训练

行分析比较,它不需要建立在对大量特殊事物分析研究并发现它们的一般规律的基础上。因此,它可以在归纳推理法与演绎推理法无能为力的一些领域中发挥独特的作用,尤其是在那些被研究的事物个案太少或缺乏足够的研究、科学资料的积累水平较低、不具备归纳和演绎条件的领域。

若"甲"具有属性 A、B、C、D,且"乙"具有属性 A、B、C,则猜想"乙"可能具有属性 D。类比推理的过程,是从特殊到特殊,由此及彼的过程,所谓"他山之石,可以攻玉"。从两个或两类对象具有某些相似或相同的属性事实出发,推出其中一个对象可能是另一个或另一类对象已经具有的其他属性的思维方法。该方法是古今中外许多知名人士最常运用的一种解决问题的方法,借助这种方法所得出的结论,虽然不是很可靠、精确,但富有创造性,往往能将人们带入完全陌生的领域,并给予许多启发。

除了演绎推理法、归纳推理法和类比推理法,其他创新逻辑推理法还有实验法、比较法、证伪法、逆向思维法等方法。

4. 其他逻辑推理方法

(1) 实验法

实验法是指人为地安排现象发生的过程,据之研究自然规律的实践活动。实验法的特点是必须能重复,能在相同条件下重复地做同一个实验,并产生相同的结果,这是一个实验成功的标志,不能重复的实验是不成功的实验,其结果没有可信度,不能作为科学依据,这是符合逻辑思维原理的。

(2) 比较法

比较法是通过两个或两个以上对象的"同"和"异"来获得新知识的方法。在比较法中,起主要作用的还是逻辑思维中的演绎推理、归纳推理和类比推理,所以,比较法是运用逻辑思维进行创新的一种方法。

(3) 证伪法

根据形式逻辑中的矛盾律,在同一时间、同一关系上,不能对同一对象做出不同的断定。用一个公式来表示,即 A 不能在同一时间、同一关系上是 B 又不是 B。

根据形式逻辑中的排中律,在同一时间、同一关系上,对同一事物是两个相互矛盾的论断必须做出明确的选择,必须肯定其中的一个。用一个公式来表示,即:A 或者是 B,或者不是 B,二者必居其一,不可能有第三种选择。

根据以上两个规律,运用逻辑思维方法,可以在证明一个结论是错误的同时,证明另一个结论是正确的。用这种方法来获得正确答案的方法,就是反证法,或称证伪法。证伪法在很多情况下,可以帮助人们解决疑难问题,取得创新结果。

(4) 逆向思维法

逆向思维法是指为实现某一创新或解决某一常规思路难以解决的问题,而采取反向思维寻求解决问题的方法。实践中也有很多案例,对某些问题利用正向思维却不易找到正确答案,一旦运用逆向思维,常常会收到意想不到的结果。这说明反向思维是摆脱常规思维束缚的一种具有创造性的思维方式。

任务3 逻辑推理能力训练

【任务内容】

通过逻辑推理的学习和训练,提高学生严谨的思维和严密的逻辑分析能力。本任务的学习对于逻辑思维能力的培养具有十分重要的作用。

读者可以思考以下4个问题,通过思考查看一下自己的逻辑思维能力。

1. 下面4个问题你能在8分钟内完成吗?

(1) 电影院里有4个空座位,现让4个观众随机坐入4个座位中,共有多少种坐法?

(2) 一个布袋里有大小相同、颜色不同的一些木球,其中红色的有10个,黄色的有8个,蓝色的有3个,绿色的有1个,请问:

① 一次至少要取出多少个球,才能保证取出的球至少有3种颜色?

② 一次至少要取出多少个球,才能保证其中必有红色球和黄色球?

(3) 如果下列每个人说的话都是假话,那么是谁打碎了花瓶?

麦克:沙丽打碎了花瓶。

汤姆:麦克会告诉你是谁打碎了花瓶。

埃普尔:汤姆,麦克和我不太可能打碎花瓶。

克力斯:我没打碎花瓶。

艾力克:麦克打碎了花瓶,所以汤姆和埃普尔不太可能打碎花瓶。

吉姆:我打碎了花瓶,汤姆是无辜的。

2. 在小说《威尼斯商人》中原来有这样一个情节:少女鲍西娅,不仅姿容绝世,而且有非常高尚的品行,许多王孙公子纷纷前来求婚。但鲍西娅自己没有选择婚姻的自由,她的亡父在遗嘱中规定要猜匣为婚。

有三只匣子:金匣子、银匣子、铜匣子。三只匣子上分别刻着三句话。在三只匣子中,只有一只匣子里放着一张鲍西娅的肖像。

鲍西娅许诺:如果有哪位求婚者,能通过匣子上的三句话猜出肖像放在哪只匣子里,她就嫁给他。

金匣子上刻的是:"肖像不在此匣中";银匣子上刻的是"肖像在金匣子中";铜匣子上刻的是"肖像不在此匣中"。

同时,大家都知道这三句话中只有一句是真话。

请问:求婚者应该选择哪一个匣子呢?

科学思维能力训练

3. 有3只外形完全相同的盒子,每只盒子里放2个球:一只盒子里放1个白球和1个黑球;一只盒子里放2个白球;一只盒子里放2个黑球。而每只盒子外面分别贴着一张标签,写着"白、白""黑、黑""黑、白"的字样。但由于疏忽,标签全贴错了,它们都与盒子里装的球不相符。

试问,如果要求我们从其中的一只盒子里取出1个球,就能推出该盒子中另一个球的颜色,那么,应当从哪只盒子里取出这个球呢?我们又如何根据这个盒子里两个球的颜色,推算出另外两个盒子里各装着什么颜色的球呢?

4. 有3顶红帽子和2顶白帽子。将其中的3顶帽子分别戴在A、B、C三个人头上。这三个人每人都只能看见其他两人头上的帽子,但看不见自己头上戴的帽子,并且也不知道剩余的2顶帽子的颜色。问A:"你戴的是什么颜色的帽子?"A回答说:"不知道。"接着,又以同样的问题问B。B想了想,然后回答说:"不知道。"最后问C。C回答说:"我知道我戴的帽子是什么颜色了。"当然,C是在听了A、B的回答之后才做出回答的。试问:C戴的是什么颜色的帽子?

逻辑推理常见的解决方法有排除法、排序法、代入法、计算法、假设法、矛盾法、反对法、抽象法、求同法、求异法、因果倒置法、图表法和寻找逻辑漏洞法等。下面将选取重要的、实用性强的几种方法带领同学们进行训练。

一、排除法

排除法是排除错误答案,进而寻求正确答案的方法。实质上就是通过排除题干中已经涉及的选项,进而找到题干中未涉及的选项作为答案,或者通过排除题干中没有涉及的选项,进而找到与题干一致的选项作为答案。

例1 一次聚会,麦吉遇到了汤姆、卡尔和乔治三人,他想知道他们三人分别是什么职业,但三人只提供了以下信息:三人中一位是律师、一位是推销员、一位是医生;乔治比医生年龄大,汤姆和推销员不同岁,推销员比卡尔年龄小。

根据上述信息麦吉可以推出的结论是(　　)。

A. 汤姆是律师,卡尔是推销员,乔治是医生

B. 汤姆是推销员,卡尔是医生,乔治是律师

C. 汤姆是医生,卡尔是律师,乔治是推销员

D. 汤姆是医生,卡尔是推销员,乔治是律师

解析:题目中要判断三人的职业,根据已知条件直接判断比较不易,这时采用排除法解题就比较简单。由题干中"汤姆和推销员不同岁,推销员比卡尔年龄小"两个条件可知,汤姆和卡尔都不是推销员,所以只能乔治是推销员,据此,可以排除A、B、D三项,所以很容易得出答案是C选项。

例2 甲、乙、丙、丁四人分别掌握英、法、德、日四种语言中的两种,其中有三人会说英语,但没有一种语言是四人都会的,并且知道:

① 没有人既会日语又会法语。

② 甲会日语,而乙不会,但他们可以用另一种语言交谈。

③ 丙不会德语,甲和丁交谈时,需要丙为他们做翻译。

④ 乙、丙、丁不会同一种语言。

根据题干条件,以下哪项是四人分别会的两种语言?(　　)

A. 甲会英语和日语,乙会英语和德语,丙会英语和法语,丁会法语和德语
B. 甲会英语和日语,乙会英语和法语,丙会英语和德语,丁会法语和德语
C. 甲会英语和德语,乙会英语和日语,丙会英语和法语,丁会法语和德语
D. 甲会英语和德语,乙会英语和法语,丙会法语和德语,丁会英语和日语

解析:

(1) 该题似乎复杂,但根据题干信息分别观察选项,运用代入排除法,简单易行。

(2) 将题干已知条件代入分析:

根据"甲会日语,而乙不会"排除 C 选项。

根据"丙不会德语"排除 B 和 D 两项;所以 A 选项是答案。

二、代入法

代入法通常是在选项的正确或错误难于选择,或者感觉无从下手的时候才使用的。即先假设某一个选项正确,将其代入题干,看是否导致矛盾,如果出现矛盾就说明该选项不对。但是,需要注意的是,通过假设某一选项成立代入题干,虽然没有导致矛盾,但很难说该选项就是正确的。因为有时可能出现不止一个选项成立都不会导致矛盾的情况。需要特别强调的是,在解答逻辑判断类题目时,代入法要结合排除法,如果通过运用排除法,其他选项均导致矛盾,则剩余的不导致矛盾的选项就是正确的。

例 1 有人问甲、乙、丙三人的年龄。甲说:"我 22 岁,比乙小 2 岁,比丙大 1 岁。"乙说:"我不是年龄最小的,丙和我差 3 岁,丙 25 岁。"丙说:"我比甲年岁小,甲 23 岁,乙比甲大 3 岁。"

以上每人所说的 3 句话中,都有一句是故意说错的,你知道三人的年龄到底是多大吗?(　　)

A. 甲 22 岁,乙 25 岁,丙 21 岁
B. 甲 23 岁,乙 22 岁,丙 25 岁
C. 甲 22 岁,乙 23 岁,丙 21 岁
D. 甲 23 岁,乙 25 岁,丙 22 岁

解析:本题用代入法来解题比较方便。将 A 选项代入,则甲只有一句错误,乙有两句错误,不符合题意,所以 A 选项错误;将 B 选项代入,则甲有两句错误,不符合题意,所以 B 选项错误;将 C 选项代入,则甲只有一句错误,而乙有两句错误,不符合题意,所以 C 选项错误;将 D 选项代入,则甲乙丙三人各有一句错误,符合题意。所以,正确答案是 D 选项。

例 2 新一年的音乐颁奖典礼打破了过去只有一首最佳金曲的评选方式,而按照摇滚、爵士等不同音乐风格分别评选最佳金曲。这样可以使音乐工作者的成绩得到更为公平的对待,也可以使听众和音乐爱好者对音乐的理解有更多的发言权。

根据以上信息,这种评选方式的改变所隐含的假设是(　　)。

A. 划分音乐风格,能促进音乐界百花齐放,百家争鸣
B. 每一首歌都可以按照该划分方式进行分类,没有遗漏

C. 听众和音乐爱好者都有各自喜欢的歌曲风格

D. 评选方式的改变为音乐工作者提供了更多展现自己、实现自我价值的机会

解析：题干的论点是按照摇滚、爵士等风格分别评选最佳金曲使音乐工作者得到更为公平的对待。四个选项都在一定程度上支持题干。为了寻找对题干论证不可缺少的假设，可以将选项的反命题代入其中，如果不能得出题干中的结论，则此选项即为必需的隐含假设。B 选项的反命题为"不是每首歌都能以该方式进行分类"，这样就造成有些歌曲无法出现在所划分的类别中，从而无法参与最佳金曲的评价，从而受到不公平的对待，因此 B 选项是得出题干结论所必不可少的假设，而将 A、C、D 选项反向代入都不影响题干结论的推出，故这三个选项都不是必需的。所以，正确答案是 B 选项。

三、矛盾法

当一个题目有多句话，且告诉我们有几真几假时，可以尝试寻找矛盾关系，使用矛盾法解题。互为矛盾关系的两个命题必有一真一假，常见的矛盾关系有以下两种。

直言命题：

"所有 S 都是 P"和"有些 S 不是 P"；

"所有 S 都不是 P"和"有些 S 是 P"；

"S 是 P"和"S 不是 P"。

复言命题：

"p 并且 q"和"非 p 或者非 q"；

"或者 p，或者 q"和"非 p 并且非 q"；

"如果 p，那么 q"和"p 并且非 q"；

"只有 p，才 q"和"非 p 并且 q"。

例 1 见任务 3 任务内容的第 2 题。

解析：题目中指出三句话中最多只有一句是真的，所以可以利用矛盾关系来解题。首先找出互为矛盾关系的两个匣子，那么除了这两个匣子外，第三个便是说假话的匣子。题干中，银匣子上刻的是"肖像在金匣子中"，铜匣子上刻的是"肖像不在此匣中"，两者构成矛盾关系，因此必有一真一假。由此可以确定剩下的金匣子的话是假的，即"肖像在金匣子中"。

例 2 学校抗洪抢险献爱心捐助小组突然收到一大笔没有署名的捐款，经过多方查找，可以断定是赵、钱、孙、李中的某一个人捐的。经询问，赵说："不是我捐的。"钱说："是李捐的。"孙说："是钱捐的。"李说："我肯定没有捐。"最后经过详细调查证实四个人中只有一个人说的是真话。

根据以上已知条件，请判断下列哪项为真？（　　）

A. 赵说的是真话，是孙捐的

B. 李说的是真话，是赵捐的

C. 钱说的是真话，是李捐的

D. 孙说的是真话，是钱捐的

E. 李说的是假话，是李捐的

解析：结论是赵捐的。解这类问题的思路如下：先找出两个截然相反的话，即矛盾事

件。此题中钱和李说的话是完全相反的,它们之中有且仅有一个为真。因此,说真话的一个人必在钱和李两人之中。所以,赵、孙肯定说了假话。由赵说的"不是我捐的"为假,可以推出是赵捐的。再和孙的话对照,孙的话确实不真,所以可以肯定 B 是正确选项。

四、反对法

当一个题目有多句话,且告诉我们只有一真或一假,且找不到矛盾关系时,可以尝试寻找反对关系或下反对关系,使用反对法解题。

互为反对关系的两个命题必有一假,常见的反对关系有以下几种。

"所有 S 都是 P"和"所有 S 都不是 P";

"所有 S 都是 P"和"某个 S 不是 P";

"所有 S 都不是 P"和"某个 S 是 P"。

互为下反对关系的两个命题必有一真,常见的下反对关系有以下几种。

"有些 S 是 P"和"有些 S 不是 P";

"某个 S 不是 P"和"有些 S 是 P";

"某个 S 是 P"和"有些 S 不是 P"。

例 某公司共有包括总经理在内的 20 名员工。有关这 20 名员工,以下三个断定中,只有一个是真的。

① 有人在该公司入股。

② 有人没在该公司入股。

③ 总经理没在该公司入股。

根据以上事实,以下哪项是真的?(　　)

A. 20 名员工都入了股

B. 20 名员工都没入股

C. 只有一人入了股

D. 只有一人没入股

解析:在找不到矛盾关系时,如果能找到具有反对关系或下反对关系的命题也有助于迅速解题。题目中特称肯定命题"有人在该公司入股"和特称否定命题"有人没在该公司入股"构成一对下反对关系,两个命题不能同假,必有一真。由于题干三个断定中只有一个是真的,所以"总经理没在该公司入股"是假命题,由此可推出"总经理在该公司入了股",接着又可推出"有人在该公司入股"是真的,则"有人没在该公司入股"这一命题是假的,因此可推出"20 名员工都入了股",即 A 选项是正确的。

五、因果倒置法

如果某两类因素 A 和 B 紧密相关,题干就指出 A 是造成 B 的原因,那么要削弱它,就可以说明 B 才是造成 A 的原因,这就是所谓的"因果倒置"。

例 1 相比那些不踢足球的大学生,经常踢足球的大学生的身体普遍健康。由此可见,足球运动能锻炼身体,增进身体健康。

以下哪项为真,最能削弱上述论断?(　　)

科学思维能力训练

A. 大学生踢足球是出于兴趣爱好,不是为了锻炼身体

B. 身体不太好的大学生一般不参加对抗激烈的足球运动

C. 足球运动有一定的危险性,容易使人受伤

D. 研究表明,长跑比踢足球更能达到锻炼身体的目的

解析：题干由"经常踢足球的大学生的身体普遍比不踢足球的健康",得出结论"足球运动能锻炼身体,增进身体健康"。B 选项则指出,身体不好的大学生一般不参加对抗激烈的足球运动,指出题干的论证是"因果倒置",能有力地削弱题干的论断。A、C、D 三项均属于无关项,不能对足球能锻炼身体的论断提出质疑。因此 B 选项是正确的。

例 2 新民住宅小区扩建后,新搬入的住户纷纷向房产承销公司投诉附近机场噪声太大,令人难以忍受。然而,老住户们并没有声援说他们同样感到噪声巨大。尽管房产承销公司宣称不会置住户的健康于不顾,但还是决定对投诉不采取措施。他们认为机场的噪声并不大,因为老住户并没有投诉。下列哪个选项如果为真,则最能表明房产承销公司对投诉不采取措施的做法是错误的?（   ）

A. 房产承销商们的住宅并不在该小区,所以不能体会噪声的巨大危害

B. 有些老住户自己配备了耳塞来解决这个问题,他们觉得挺有效果的

C. 老住户觉得自己并没有与房产承销商有什么联系,也没有太大的矛盾

D. 老住户认为噪声并不巨大而没有声援投诉,是因为他们的听觉长期受噪声影响已经迟钝失灵

E. 房产承销公司从来没有隐瞒过小区位于飞机场附近这一事实

解析：此题为因果倒置的题型。不是因为"机场的噪声并不大",所以"老住户"才"没有投诉",而恰恰是因为机场的噪声影响老住户的听觉导致迟钝失灵,所以已经感觉不到噪声了。因此 D 选项是正确的。

六、图表法

在逻辑判断类题目中,有些题干中所涉及或所列出的事物情况比较多,而且具有一定的包含特征,这时就可以采用图表的方法迅速找到答案。做此类题时,如果不作图而是单凭想象,往往容易混乱,难以厘清头绪。

例 1 甲、乙、丙、丁四位同学同在一间教室里,他们当中一人在做数学题,一人在念英语,一人在看小说,一人在写信。已知：

① 甲不在念英语,也不在看小说。

② 如果甲不在做数学题,那么丁不在念英语。

③ 有人说乙在做数学题,或在念英语,但事实并非如此。

④ 丁如果不在做数学题,那么一定在看小说,这种说法是不对的。

⑤ 丙既不在看小说,也不在念英语。

那么在写信的是谁?（   ）

A. 乙   B. 丙   C. 甲   D. 丁

解析：可以将①、③、⑤的条件反映在表 3-1 中。表 3-2 中"√"表示对应列的人在做对应行的事,"×"表示对应列的人不在做对应行的事。

任务3 逻辑推理能力训练

表 3-1

	甲	乙	丙	丁
做数学题		×		
念英语	×	×	×	
看小说	×			×
写信				

表 3-2

	甲	乙	丙	丁
做数学题	√	×		
念英语	×	×	×	√
看小说	×	√	×	
写信			√	

显然只能是丁在念英语,由②知甲在做数学题,那么丙只能在写信,进一步可以得到如表 3-2 所示结果。因此写信的是丙,选项 B 是正确的。

例2 有五位女士排成一排,所有的女士姓不同,穿的衣服颜色不同,喝的饮料不同,养的宠物不同,吃的水果不同。已知:

① 钱女士穿红色衣服。
② 翁女士养了一只狗。
③ 陈女士喝茶。
④ 穿绿色衣服的紧站在穿白色衣服的左边。
⑤ 穿绿色衣服的女士喝咖啡。
⑥ 吃西瓜的女士养鸟。
⑦ 穿黄色衣服的女士吃梨。
⑧ 站在中间的女士喝牛奶。
⑨ 赵女士站在最左边。
⑩ 吃橘子的女士站在养猫的旁边。
⑪ 养鱼的女士旁边的那位吃梨。
⑫ 吃苹果的女士喝香槟。
⑬ 江女士吃香蕉。
⑭ 赵女士站在穿蓝色衣服女士的旁边。
⑮ 喝开水的女士站在吃橘子的女士旁边。

请问哪位女士养蛇?

这道题看似复杂,其实不然,首先从提示中找出姓氏:钱、翁、陈、赵、江;穿着:红、绿、白、黄、蓝;吃的:西瓜、梨、橘子、苹果、香蕉;喝的:茶、咖啡、牛奶、香槟、开水;养的:狗、鸟、猫、鱼、蛇。然后列出表 3-3。

科学思维能力训练

表 3-3

姓氏					
穿					
吃					
喝					
养					

由⑨填出赵女士站的位置,由⑭填出穿蓝色衣服的女士站的位置,由⑧填出喝牛奶的女士站的位置,由①、④及已填结果填出赵女士穿的是黄色衣服,由⑦填出赵女士吃梨,由⑪填出养鱼的位置,由③、⑤、⑧、⑫填出赵女士喝开水,由⑮填出吃橘子的女士站的位置,由④、⑤及已填结果填出喝咖啡及喝香槟的位置,进而填出喝茶的位置,由③填出陈女士站的位置,由④、⑤填出穿绿色衣服和穿白色衣服的女士站的位置,由①填出钱女士衣服的颜色及站的位置,由⑫填出吃苹果的女士站的位置,由⑬填出江女士站的位置及吃的水果,由②填出翁女士站的位置及养的是狗,由⑥及已填结果填出钱女士吃西瓜养鸟,由⑩填出赵女士养猫,答案是:江女士养蛇。最后形成表 3-4。

表 3-4

姓氏	赵	陈	钱	江	翁
穿	黄	蓝	红	绿	白
吃	梨	橘子	西瓜	香蕉	苹果
喝	开水	茶	牛奶	咖啡	香槟
养	猫	鱼	鸟	蛇	狗

【思维训练】

1. 某律师事务所共有 12 名工作人员。

(1) 有人会使用计算机。

(2) 有人不会使用计算机。

(3) 所长不会使用计算机。

这三个命题中只有一个是真的,以下哪项正确地表示了该律师事务所会使用计算机的人数?(   )

A. 12 人都会使用

B. 12 人没人会使用

C. 仅有一人会使用

D. 不能确定

2. 有 A、B、C 三个人。其中有一个人是诚实的,其他二人在说谎。在质问了这三个人谁在说谎之后,他们的回答如下。请问哪一个人是诚实的?(   )

A:"B 说谎。"

B:"A 才在说谎。"

C:"B 从不说谎。"

3. 有 A、B、C、D、E 五个人。其中只有一个人中奖。在询问了这五个人谁中奖之后,他们的回答如下:

A:"中奖的是 C。"

B:"中奖的是 A。"

C:虽然 A 说"中奖的是 C",但那是骗人的。

D:"我没有中奖。"

E:"中奖的是 B。"

不过,五个人中只有一个人是诚实的,其他人都在说谎。那么谁中奖了?(　　)

4. 如果某人是嫌疑犯,那么案发时他在现场。据此,可以推出(　　)。

A. 张三案发时在现场,所以张三是嫌疑犯

B. 李四不是嫌疑犯,所以李四案发时不在现场

C. 王五案发时不在现场,所以王五不是嫌疑犯

D. 许六不在案发现场,但许六是嫌疑犯

5. 凡有关国家机密的案件都不是公开审理的案件。据此,可以推出(　　)。

A. 不公开审理的案件都是有关国家机密的案件

B. 公开审理的案件都不是有关国家机密的案件

C. 有关国家机密的某些案件可以公开审理

D. 不涉及国家机密的有些案件可以不公开审理

6. 某所学院的门口竖着一块牌子,上面写着"不懂逻辑者不得入内"。这天,来了一群人,他们都是懂逻辑的人。如果牌子上的话得到准确的理解和严格的执行,那么以下断定中,只有一项是真的。这一真的断定是(　　)。

A. 他们可能不会被允许进入

B. 他们一定不会被允许进入

C. 他们一定会被允许进入

D. 他们不可能被允许进入

7. 某公司规定,只有在本公司连续工作 20 年以上或者具有突出业绩的职工,才能享受公司发放的特殊津贴。小张虽然只在该公司工作了 3 年,但现在却享受公司发放的特殊津贴,因此他一定做出了突出业绩。

下列选项的推理方式与上述题干最为类似的是(　　)。

A. 要想取得好成绩,既要勤奋学习,又要方法得当。汪洋虽然勤奋,但成绩不太好,看来他的学习方法不当

B. 一个罪犯要实施犯罪,必须既有作案动机,又有作案时间。在某案中 A 嫌疑人有作案动机,但无作案时间,因此,A 嫌疑人不是该案的作案者

C. 如果既经营无方又铺张浪费,那么一个企业必将严重亏损。大鹏公司虽经营无方,但并没有出现亏损,这说明它至少没有铺张浪费

D. 法制的健全或者执政者强有力的社会控制能力是维持一个国家社会稳定必不可少的条件。某国社会稳定,但法制尚不健全,因此,其执政者一定具有强有力的社会控

科学思维能力训练

制能力

8. 一棵树的年头越长,它的年轮越多,老王家老槐树的年头比老张家的长,因此,老王家的槐树的年轮比老张家的多。以下选项中推理和题干最为相似的是(　　)。

   A. 今年百米冠军的成绩比去年好,李某是今年的百米冠军,因此,他今年的百米成绩比去年的好
   B. 班级人数越多,教学效果越差,一班教学效果比二班的差,因此,一班人数比二班的多
   C. 海拔越高,空气越稀薄,因为西宁的海拔高于西安,因此,西宁的空气比西安的稀薄
   D. 一种语言的词汇量越大,就越难学。法语比西班牙语难学,因此,法语的词汇量比西班牙语的大

9. 在世界市场上,某国生产的冰箱比其他国家生产的冰箱耗电量少。因此,其他国家的冰箱工业将失去相当部分的冰箱市场,而这些市场将被这个国家的冰箱占据。

   以下哪项是上述论证所要假设的?(　　)
   ① 某国的冰箱比其他国家的冰箱更为耐用。
   ② 电费是冰箱购买者考虑的重要因素。
   ③ 某国冰箱与其他国家冰箱的价格基本相同。

   A. ①、②和③　　　B. 仅①和②　　　C. 仅②　　　D. 仅②和③
   E. 仅③

10. 一天晚上,某商店被盗。公安机关通过侦查,得出如下判断。(　　)
    (1) 盗窃者或是甲,或是乙。
    (2) 如果甲是盗窃者,那么作案时间就不在零点之前。
    (3) 零点时该商店的灯光灭了,而此时甲已经回家。
    (4) 如果乙的供述不属实,那么作案时间就在零点之前。
    (5) 只有零点时该商店的灯光未灭,乙的供述才属实。
    由此可以推断出本案的盗窃者是(　　)。

    A. 甲　　　B. 乙　　　C. 甲或者乙　　　D. 甲和乙

11. 全运会男子10 000m比赛,大连、北京、河南各派了三名运动员参加。赛前四名体育爱好者在一起预测比赛结果。

    甲断言:传统强队大连队训练很扎实,这次比赛前三名非他们莫属。
    乙则说:据我估计,后起之秀的北京队或者河南队能够进入前三名。
    丙预测:第一名如果不是大连队的,就是北京队的。
    丁坚持:今年与去年大不相同了,前三名大连队最多能占一席。比赛结束后,发现四人中只有一人的预测是正确的。

    以下哪项最可能是该项比赛的结果?(　　)

    A. 第一名大连队,第二名大连队,第三名大连队
    B. 第一名大连队,第二名河南队,第三名北京队
    C. 第一名北京队,第二名大连队,第三名河南队
    D. 第一名河南队,第二名大连队,第三名大连队
    E. 第一名河南队,第二名大连队,第三名北京队

12. A、B、C、D和E每人都参加了两次网球联赛。

(1) 每次联赛只进行了4场比赛：A对B、A对E、C对D、C对E。

(2) 只有一场比赛在两次联赛中胜负情况保持不变。

(3) A是第一次联赛的冠军。

(4) 在每次联赛中，输一场即被淘汰，只有冠军一场都不输。

谁是第二次联赛的冠军？

注：每次比赛都不会有平局的情况。

13. 在同一侧的房号为1、2、3、4的四间房里，分别住着来自韩国、法国、英国和德国的四位专家。有一位记者前来采访他们。韩国人说："我的房号大于德国人，且我不会说外语，也无法和邻居交流。"法国人说："我会说德语，但我却无法和我的邻居交流。"英国人说："我会说韩语，但我只可以和一个邻居交流。"德国人说："我会说我们这四个国家的语言。"

那么，按照房号从小往大排序，房间里住的人的国籍依次是(　　)。

A. 英国　德国　韩国　法国　　　　B. 法国　英国　德国　韩国

C. 德国　英国　法国　韩国　　　　D. 德国　英国　韩国　法国

14. 有A、B、C、D、E五位同学一起比赛象棋，每两人之间只比赛一盘，统计比赛的盘数知：A赛了4盘，B赛了3盘，C赛了2盘，D赛了1盘，则同学E赛的盘数是(　　)盘。

A. 1　　　　　　B. 2　　　　　　C. 3　　　　　　D. 4

15. 甲、乙、丙三人，一个是山东人，一个是河南人，一个是湖北人。现在只知道：丙比湖北人年龄大，甲和河南人不同岁，河南人比乙年龄小。由此可推知(　　)。

A. 甲不是湖北人　　　　　　　　B. 河南人比甲年龄小

C. 河南人比山东人年龄大　　　　D. 湖北人年龄最小

16. 高中同学聚会，甲、乙、丙三人在各自的工作岗位上都做出了一定的成绩，分别成为教授、作家和市长。

(1) 他们分别毕业于数学系、物理系和中文系。

(2) 作家称赞中文系毕业者身体健康。

(3) 物理系毕业者请教授写了一个条幅。

(4) 作家和物理系毕业者在同一个城市工作。

(5) 乙向数学系毕业者请教过统计问题。

(6) 毕业后，物理系毕业者、乙都没再和丙联系过。

则下列说法正确的是(　　)。

A. 丙是作家，甲毕业于物理系　　　B. 乙毕业于数学系

C. 甲毕业于数学系　　　　　　　　D. 中文系毕业者是作家

17. 有三位见习医生，他们在同一家医院中担任住院医生。

(1) 一星期中只有一天三位见习医生同时值班。

(2) 没有一位见习医生连续三天值班。

(3) 任两位见习医生在一星期中同一天休假的情况不超过一次。

(4) 第一位见习医生在星期日、星期二和星期四休假。

(5) 第二位见习医生在星期四和星期六休假。

(6) 第三位见习医生在星期日休假。

三位见习医生星期几同时值班？

科学思维能力训练

18. 有五栋不同颜色的房子。每一栋房子的主人来自不同的地方。每人只喝一种饮料，吃一种食品，养一种宠物。他们没有相同的饮料、食品、宠物。已知：

(1) 北京人住在红房子里。

(2) 上海人养了狗。

(3) 天津人喝茶。

(4) 绿房子在白房子左边。

(5) 住绿房子的人喝咖啡。

(6) 爱吃面条的人养了一只鸟。

(7) 住黄房子的人爱吃汉堡。

(8) 住在中间的人喝牛奶。

(9) 重庆人住在第一间。

(10) 爱吃麦当劳的人住在养猫的人的旁边。

(11) 养马的人住在爱吃汉堡的人旁边。

(12) 爱吃米饭的人喝啤酒。

(13) 广州人爱吃比萨。

(14) 重庆人住在蓝房子旁边。

(15) 爱吃麦当劳的人的邻居喝矿泉水。

问题：谁养鱼？

19. 有5个人来自不同的地方，住不同的房子，养不同的动物，吸不同牌子的香烟，喝不同的饮料，喜欢不同的食物。根据以下线索，确定谁是养猫的人？

(1) 红房子在蓝房子的右边，白房子的左边（不一定紧邻）。

(2) 黄房子的主人来自香港，而且他的房子不在最左边。

(3) 爱吃比萨的人住在爱喝矿泉水的人的隔壁。

(4) 来自北京的人爱喝茅台，住在来自上海的人的隔壁。

(5) 吸希尔顿香烟的人住在养马的人的右边隔壁。

(6) 爱喝啤酒的人也爱吃鸡。

(7) 住绿房子的人养狗。

(8) 爱吃面条的人住在养蛇的人的隔壁。

(9) 来自天津的人的邻居（紧邻）一个爱吃牛肉，另一个来自成都。

(10) 养鱼的人住在最右边的房子。

(11) 吸万宝路香烟的人住在吸希尔顿香烟的人和吸"555"香烟的人的中间（紧邻）。

(12) 住红房子的人爱喝茶。

(13) 爱喝葡萄酒的人住在爱吃豆腐的人的右边隔壁。

(14) 吸红塔山香烟的人既不住在吸健牌香烟的人的隔壁，也不与来自上海的人相邻。

(15) 来自上海的人住在左数第二间房子。

(16) 爱喝矿泉水的人住在最中间的房子。

(17) 爱吃面条的人也爱喝葡萄酒。

任务 4　简单元素图形推理训练

【任务内容】

通过图形推理的学习和训练,培养学生具有敏锐的观察能力和严密的逻辑分析能力。

图形是由点、线、面构成的一种符号,表达着特定的含义。图形是伴随着文明的产生而产生的。作为信息储存、信息交流的工具,图形与其他信息载体相比,具有直观性、共通性、生动性、感染性等特征,因此在社会生活各个领域都有大量的应用。随着生活节奏的加快,人们读书、看报的时间和精力不断压缩,读图便成为人们重要的阅读方式。推理是思维形式中重要的组成部分,是从一个或几个已知判断推出一个新判断的思维形式,是人类智能的核心成分。图形推理就是由一个或若干个已知图形推出另外一些图形或信息的思维过程。图形推理类问题,较少运用到专业的逻辑知识和技能,更多的是考察学生的抽象思维能力。

由于图形这种信息载体的独特性,与一般的形式推理相比,图形推理是在直观的图形观察基础上,提炼图形所蕴含的信息内容,进而推出新信息的思维过程。图形推理的有效性既要考虑图形在空间结构上的联系,又要考虑图形元素之间在内容上的联系,是对思维形式的综合性考察。由于图形所含的信息量大小不一,以及信息隐含的难度不同,图形推理的结论有些是确定的,有些是不确定的。

图形推理的具体形式有多种,下面主要介绍两种形式。

第一种形式:每题中包含两套图形,这两套图形具有某种相似性。也就是说,两套图形具有某种共同特征,也存在某种差异。在每题中,第一套图形包括三个图,第二套图形包括两个图形和一个问号。在这两套图形之外还有供选择的四个图形。学生应选出最适合取代问号的一个图形。正确的答案不仅是两套图形表现出一致的规律或最大的相似性,而且应使第二套图形也表现出自己的特征。这种问题主要考察学生的抽象推理能力。因为它不依赖于具体的事物,也很少受知识和文化背景的影响,因此有人称此种测试为"文化公平"测试。图形推理,要求学生从已给出图形的排列方式中,找出图形排列的规律,并根据这个规律推导出问号处应填上什么样的图形而不违背这个规律。解答此类问题时,首先要对第一套图形中的三个图形进行两两比较,发现它们之间的共同点和差异,尤其要注意第三个图形与第二个图形的差异。因为这种差异与要找的问号处的图形与第二套图形中第二个图形间的差异有比较直接的关系。其次再比较第一套图形与第二套图形在"形"上的差异。用第一套图形的变化规律和第二套图形的"形"的组合就是问号处所需的图形。图形推理中所有的图形主要是点、线、面及其组合。

第二种形式:图形辨别题。左边给出一个目标图形,右边给出四个供选择的图形。要

科学思维能力训练

求学生从这四个图形中找出与左边图形规律完全一样的一个(允许在平面内旋转)。

图形推理的解决方法如下。

(1) 从第一套图形入手,仔细观察第一套图形中的三个图形,寻找其中变化规律,并把这一规律运用到第二套图形中。

(2) 观察图形的要点有:图形的大小、笔画曲直多少、元素数量的变化、旋转或移动方向上的规律、图形的组合顺序、图形的叠加后同中求异和异中求同、外形上的相似等。

图形推理遵循着一定的规律,详见表 4-1。

表 4-1 图形推理规律简表

	常见考点	常见规律
图形中的数量关系	1. 线条数(直线数或曲线数)图形 2. 部分数 3. 封闭区域数 4. 图形种类数 5. 交点个数 6. (特殊)角、(曲)面个数	1. 所有图形在某一方面的数量相等 2. 这一数量按等差数列递增或递减 3. 这些数量按一定的顺序存在和或积的关系 4. 所有图形的某一数量之和表现出某种规律
图形中的位置关系	1. 图形中的小图形的位置 2. 组成图形的各个部分的位置 3. 特殊元素在大图形中的相对位置 4. 空间图形与平面图形之间的转化	1. 小图形按一定规律移动或旋转 2. 组成图形的各个部分按规律变动 3. 特殊元素大图形中的位置循环变化或连续变化 4. 平面图形与空间图形转化过程中面与面之间的相对位置不变
图形中的几何特征	1. 角、面积、体积 2. 对称性(轴对称或中心对称) 3. 封闭性与开放性 4. 重心 5. 三视图	1. 都包含某种特殊角 2. 面积(阴影面积)、体积按规律变化 3. 所有图形具有一致的对称性或按规律排列 4. 所有图形的封闭性与开放性一致或按规律排列 5. 重心位置的规律性变化 6. 立体图形与其三视图的对应
图形间的相互转换	1. 翻转 2. 旋转 3. 叠加 4. 组合 5. 数量对等转换	1. 上下翻转与左右翻转 2. 顺时针旋转与逆时针旋转 3. 叠加去同存异 4. 叠加去异存同 5. 线条、片块组合 6. 将几种不同图形的数量进行转换

简单元素图形一般是指构造比较简易的平面图形,它能单独以一个元素构成,也可以以两三个元素叠加、并列而成。虽然简单元素图形较简易,但对其规律的划分却是庞杂多类的,学生需要加强练习才能牢固掌握常见规律。

一、图形中的数量关系

在解决图形推理问题时,考虑组成图形各部分元素的数量以及图形自身形成的特征部分的数量,是寻找一组图形规律的重要切入点。图形中包含的数量关系主要有:线条数(直线数和曲线数)、笔画数、组成图形元素的个数、封闭区域数、部分数、对称轴的数量和阴影面积等。

例1

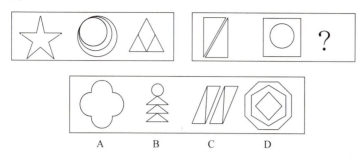

解析:第一组图中各图形由一笔画成,第二组图中各图形由两笔画成。故选C选项。

例2

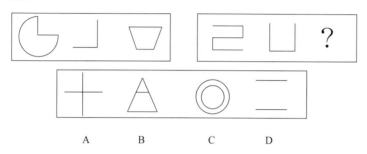

解析:第一套图形中三个图形的笔画分别是3,2,4,是等差数列2,3,4的变形。第二套图中前两个图形的笔画分别为5,3。可推知正确答案应为4画,故选B选项。

例3

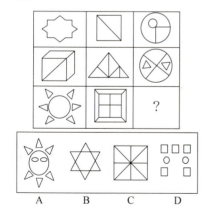

解析:考虑每个图形空间闭合的数目。第一行三个图形所含闭合区域数分别是1,2,3;第二行三个图形所含闭合区域数分别是4,5,6;第三行三个图形所含闭合区域数应分别是7,8,9。故选A选项。

二、图形间的相互转化

图形推理规律中,有很大一部分考察的是图形之间的相互转换,如在视觉型图形推理题中,第一个图按某种转化方式,依次得到后面的各个图形;在古典型图形推理和多图形推理中,两个图形通过某种转化得到第三个图形。图形叠加、移动、旋转、去同、去异等都是典型的图形转化方式,因此,在解决图形推理问题时,可通过寻找图形之间的转化方式来确定一组图形的规律。

例 1

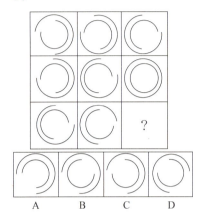

解析:本题考虑旋转问题。外部弧线顺时针依次旋转 90°,内部弧线逆时针依次旋转 90°得到下一个图形。故选 C 选项。

例 2

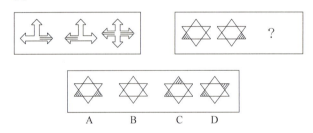

解析:第一套图形的规律为第一个图形与向下翻转 180°后的第二个图形组合成第三个图形,第二套图形也遵循此规律。故选 D 选项。

例 3

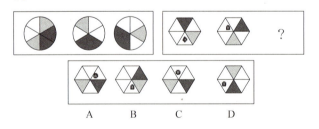

解析:本题考查图形移动问题。前一组图形浓阴影部分呈顺时针方向依次移动一格,而浅阴影部分呈顺时针方向依次移动两格;第二组图形中,浓浅阴影都是顺时针方向移动一格,小圆圈顺时针移动两格,第三个图形也遵循此规律。故选 A 选项。

例 4

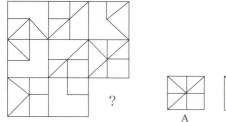

解析：本题考查图形的去同存异规律。所给图形规律为：将每一行的前两个图形叠加，去同存异，即可得到下一个图形。依此规律，未知图形应为 D 选项。故选 D 选项。

例 5

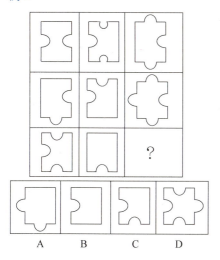

解析：所给图形规律为：每一行的第二、三个图形叠加后，凹＋凸＝直线，凹＋直线＝凹，凸＋直线＝凸，从而得到第一个图形。依此规律，只有 B 选项符合。故选 B 选项。

三、图形中的几何特征

图形推理规律中，有很大一部分考查的是图形的几何特征，即对称性、开放封闭性、重心、三视图等。

例 1

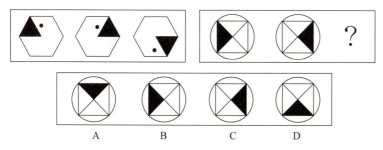

解析：所给图形规律为：第一组图形中，第一个图形与第二个图形成轴对称图形，与第三个图形成中心对称图形；第二组图形也应遵循上述规律，符合要求的图形为 C 选项。故选

27

C 选项。

例 2

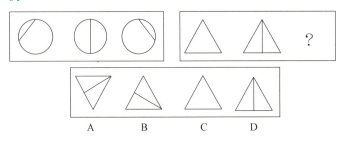

解析：所给图形规律为：第一个图形与第三个图形是以第二个图形的中轴线为对称轴成轴对称的。故选 C 选项。

例 3

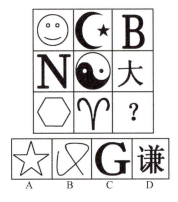

解析：每一行、每一列中的相邻图形之间为封闭、开放图形相间。依据这一规律，故选 A 选项。

例 4

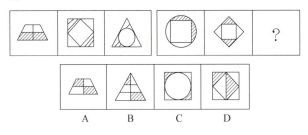

解析：观察所给的图形，每个图形中都有阴影，这便是这几个图形最大的相同点，也是本题解题的突破口，像题干这种形状和结构都不同的一组图形，主要考虑图形中阴影面积的规律。在这道题目中，进一步看阴影，发现每个图形都有两部分阴影，并且这两部分阴影的面积相等，查看选项，只有 C 选项符合这一特征，故选 C 选项。

四、图形中的位置关系

一般在元素数量没有什么变化时要注意元素位置是否有变化，组成图形的各个部分按一定规律进行位置的变化。

任务 4　简单元素图形推理训练

例 1

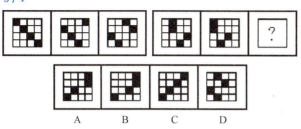

解析： 题干图形和选项图形都是在 4×4 的方格中有四块黑色的方块，其中的差异在于黑色方块的位置。首先考虑图形位置的移动，从第一组三个图比较来看，每一个方块都依次向左移动了一格，在第二组图中也表现了相同的规律，第二组第二个图的黑色方块向左移动一格将得到 A。

例 2

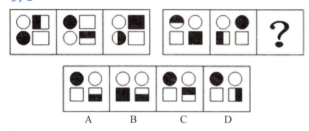

解析： 这道题比较简单，学生只要能够发现考查的是图形的元素位置的变化问题就迎刃而解了。通过观察可以发现，在第一组图中，全部的黑色阴影和半格的黑色阴影部分都是顺时针移动到下一个图形，而在第二组图中，全格和半格的黑色阴影都是逆时针移动的，特别要注意的是半格的黑色阴影都恰恰旋转 90°，故选 A 选项。

【思维训练】

一、请根据前四个文字的规律，推导出第五个汉字应该是什么？

二、请根据前四个图形的规律，推导出第五个图形应该是以下哪个选项中的图形？

三、请根据前几个图形的规律，推导出问号处未知图形应该是以下哪个选项中的图形？

1.

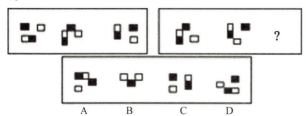

2.

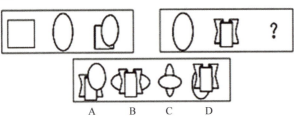

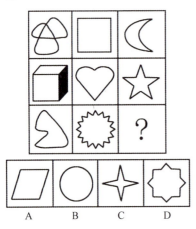

3.

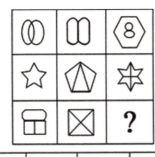

4.

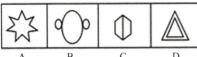

5.

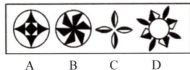

6.

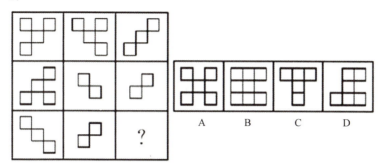

7.

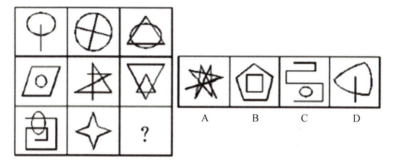

8.

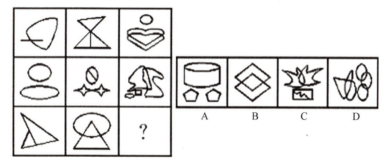

任务5 多元素图形推理训练

【任务内容】

多元素图形,一般是指所给出的图形内部含有复杂的组成元素,而这些元素又有一定规律可循,通常元素在三个及三个以上的才能被称为多元素图形。学生在进行多元素图形推理时,应将元素肢解,对其数量、形状、样式进行单独分析,而不是盲目地对整体进行视觉推理。

一、元素图样异同组合

例1

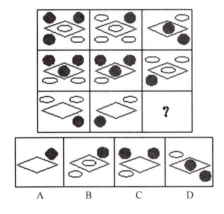

解析:所给图形规律为:第一、二个图形叠加后,黑球+黑球=椭圆,椭圆+椭圆=黑球,当相异的图形叠加时,则相互抵消,形成第三个图形。依此规律只有 A 选项符合。故选 A 选项。

例2

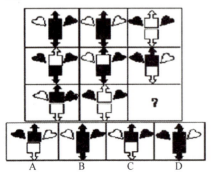

解析：本题考查图形所含元素图样的变化。

第一、二个图形叠加后，黑＋黑＝白，白＋白＝黑，黑＋白＝黑，形成第三个图形。依此规律只有 D 选项符合。故选 D 选项。

二、元素图样、数量综合变化

例 1

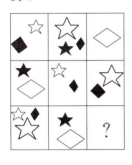
　　　　　　　　　　A　　　　B　　　　C　　　　D

解析：本题考查图形内元素的变化。所给图形规律为：每排图形中所含的元素都有大、小型的三个五角星（两白一黑）与菱形（两黑一白）。依此规律，最后一排图形总共应包含上述六个元素，那么未知图形应为 D 选项。故选 D 选项。

例 2

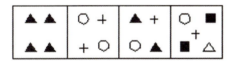　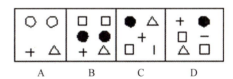

解析：所给图形规律为：每一个图形内部包含的不同元素数量依次为 1、2、3、4，则第五个图形应包含 5 个元素，且原图形组中每个图形内都有 2 个元素是相同的，那么，符合此规律要求的只有 D 选项。故选 D 选项。

例 3

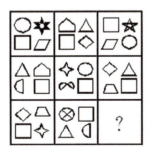　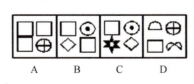

解析：这是一个多图形推理题，从组成每个图形的元素看，每个图形中的小图形都不完全相同，可以确定需要考虑组成图形元素的个数，关键是怎样寻找这个数量关系，是按行、列每个图形分别考虑还是按行、列的整体考虑，此时需要尝试，很容易判断应该是按行考虑组成图形的种类数。第一行的图形种类数是 8 种，第二行的图形种类数是 9 种，第三行的图形种类数应该是 10 种，故选 D 选项。

33

例 4 按照下面前 4 个图形的规程,判断第 5 个图形应该是选项中的哪个?

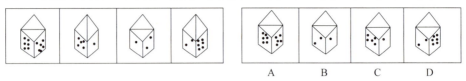

解析:本题考查图中元素图样和数量的变化。所给图形规律为:每一个图形的右下角的黑点的数量为其下一个图形的左下角的黑点数,则第五个图形左下角应有 6 个黑点,符合此要求的只有 A 选项。且图形上部分菱形中的对角线是呈横竖交替变化的。故选 A 选项。

三、图形拆分重组剖析

拆分重组题型中,左边所给出的图形由若干个元素组成,右边的备选图形中只有一个是由组成左边图形的元素组成的,要求学生正确选择。需要注意的是,组成新的图形时,只能在同一平面上,方向、位置可能发生变化,但不可对图形进行空间翻转。

例 1

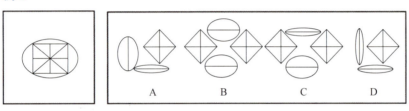

解析:A、D 两项中三角形的数量不够,无法恢复为原图,故排除;B 选项中的椭圆也不能还原成原图。故选 C 选项。

例 2

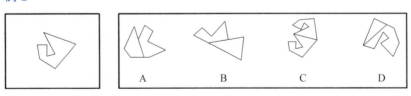

解析:C、D 两项与原图差别较大,可先排除;原图切出一个大三角形后剩余部分与 B 选项三角形上部分图形不吻合,排除 B 选项;只有 A 选项可以恢复成原图。故选 A 选项。

例 3

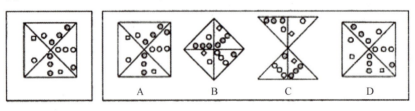

解析:A 选项右边三角不能旋转得到,B 选项右下三角不能旋转得到,D 选项最上边三角不能旋转得到。故选 C 选项。

四、图形立体还原剖析

空间立体类也是常见的一种图形推理题型,它不同于平常的图形推理都是平面图形之间的规律判断,而是重点考查学生的空间想象能力。其实这种题目并不像很多学生想象的那么难,找到关键的解题点,然后进行排除就能很快得出答案。

立体还原题型是对学生空间感的训练,一般给出一个将立体图展开了的平面图,要求将此平面图还原成立体图,从给出的选项中选出符合或者不符合的一项。

例1

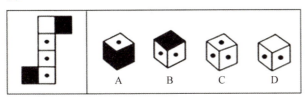

解析:由左边平面图可知,平面图折叠为立方体后两个黑色面不能相邻,只能相对,有黑点的三个面不能同时被看到,且有黑点的面和白色面不可能出现三个面共有一个顶点的情况,由此排除 A、C、D 三项。故选 B 选项。

例2

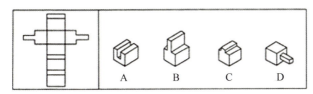

解析:仔细观察左边的平面图,抓住了两边凸起的折叠边,就可排除 A、C、D 三项。故选 B 选项。

例3 下面四个所给选项中,哪一选项的盒子不能由左边给定的图形做成?(   )。

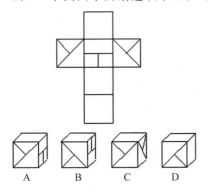

解析:本题考查展开图形的立体形状。由左边图形可以看到,带对角线的两个面是相对面,不可能相邻,因此 C 选项不符合要求。故选 C 选项。

【思维训练】

一、请从所给的四个选项中,选择最适合的一个填在问号处,使之呈现一定的规律性。

35

科学思维能力训练

1.
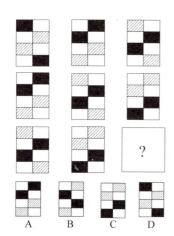

2.
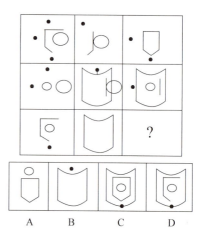

3.

4.
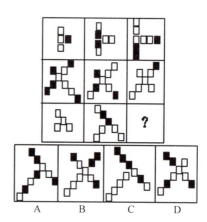

5.
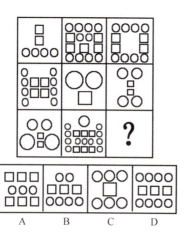

6.

任务5 多元素图形推理训练

7.
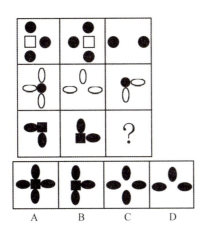

8.
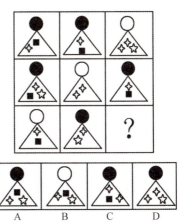

9.
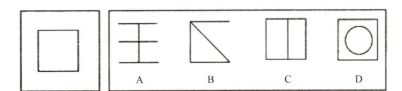

10.
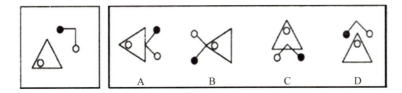

11.
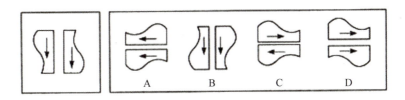

12.
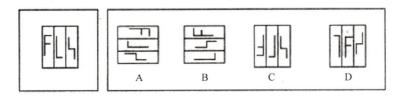

13.
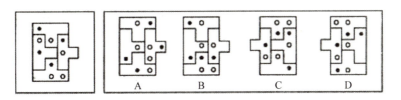

14.

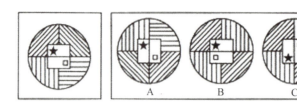

二、图形的立体还原。

1. (　　)

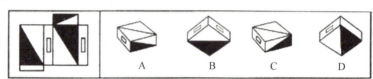

2. (　　)

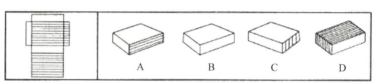

3. (　　)

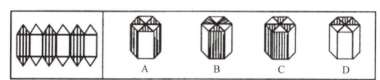

4. (　　)

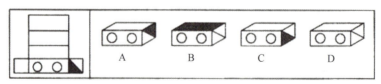

5. (　　)

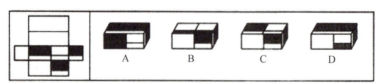

6. (　　)

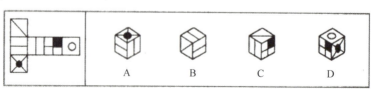

任务 6　简单数字推理训练

【任务内容】

通过数字逻辑的学习和训练,提高学生对数据的判断和推理能力。

对数量关系的理解以及基本的运算能力,体现了一个人抽象思维的发展水平,是人类认识世界的基本能力之一。所以,几乎所有的智力问题研究专家都把它作为一个人潜在能力测试的标准之一。现代管理者和技术工人,在进行高效、科学、规范的信息化管理时,要求能够对大量的信息进行快速、准确的接受与处理,而这些信息中有很大一部分是用数字表达的或是与数字有关。能够迅速、准确地理解和发现数量之间蕴含的规律,并进行快速的运算是未来技术工作者应具备的能力。只有具备了这些基本能力,才能胜任其工作,提高其工作效率。

一、数字推理题型介绍

数字推理题通常状况下是给出一个数列,但整个数列中缺少一项,要求仔细观察这个数列各数字之间的关系,找出其中的排列规律,然后从四个供选择的答案中选出自己认为最合理的一个,来填补空缺项,使之符合原数列的排列规律。

例　12,13,15,18,22,(　　　)

A. 25　　　　　　B. 27　　　　　　C. 30　　　　　　D. 34

答案是 B 选项。该数列的相邻两项之差构成等差数列。

二、推理关键点

(1) 培养数字、数列敏感度是应对数字推理的关键。

(2) 熟练掌握各种基本数列。

自然数列:0,1,2,3,4,5,6,7,…

奇数列:1,3,5,7,9,11,…

偶数列:2,4,6,8,10,12,…

质数数列:2,3,5,7,11,13,…

斐波那契数列:1,1,2,3,5,8,13,21,…

自然数平方数列:1,4,9,16,25,36,…

自然数立方数列:1,8,27,64,125,216,…

等差数列:1,6,11,16,21,26,…

科学思维能力训练

等比数列：1,3,9,27,81,243,…

所说的"应当掌握"是指应极为熟练与敏感，同时对于平方数列要知道 1~20 的平方数变化，对于立方数列要知道立方数列 1~20 的立方数变化，见表 6-1。

表 6-1　1~20 的平方数和立方数

a	a^2	a^3	a	a^2	a^3
1	1	1	11	121	1331
2	4	8	12	144	1728
3	9	27	13	169	2197
4	16	64	14	196	2744
5	25	125	15	225	3375
6	36	216	16	256	4096
7	49	343	17	289	4913
8	64	512	18	324	5832
9	81	729	19	361	6859
10	100	1000	20	400	8000

（3）熟练掌握本章所列的九大种类数列，并深刻理解"变式"的概念。

三、数字推理题的解题思路

（1）解答数字推理题时，通常先考察前面相邻两三个数字之间的关系，在头脑中假设出一种符合这个数字关系的规律，并迅速将这种假设应用到下一个数字与前一个数字的关系上，如果得到验证，就说明假设的规律是正确的，由此可以直接推出答案；如果假设被否定，就马上改变思路，提出另一种数字规律的假设。如此反复，直到找到正确规律为止。

（2）有些数字推理题仅观察相邻两项是不够的，有时需要考察前三项（如前两项之和等于第三项的数字排列规律），甚至第四项（如双重数列的排列规律），才会发现规律。

（3）在解答数字推理题时，如果发现空缺项在最后，则从前往后推导规律；如果空缺项在前面，则从后往前寻找规律；如果空缺项在中间，可以从两边同时推导。

四、数字推理题型解析

（一）等差数列及其变式

1. 等差数列

等差数列是数字推理等差数列最基础的题型，是解决数字推理的"第一思维"。所谓"第一思维"，是指在进行任何数字推理的解题时都要首先想到等差数列，即从数与数之间的差的关系进行推理和判断。

例 1　12,34,56,78,(　　)

A. 910　　　　　　B. 100　　　　　　C. 91　　　　　　D. 109

解析：

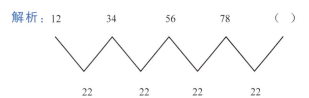

答案为 B 选项。

例 2　123,456,789,(　　)

A. 1122　　　　B. 101112　　　　C. 11112　　　　D. 100112

解析：本题比较迷惑人，实际上是一个公差为 333 的等差数列。答案为 A 选项。

2. 二级等差数列

二级等差数列是指后一项减前一项所得的新的数列是一个等差数列。

例 3　3,4,6,9,(　　),18

A. 11　　　　B. 12　　　　C. 13　　　　D. 15

解析：

二级是等差数列，由此推出答案是 C 选项。

例 4　−9,−5,0,6,(　　)

A. 13　　　　B. 14　　　　C. 15　　　　D. 16

解析：

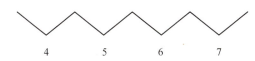

二级是等差数列，由此推出答案是 A 选项。

3. 二级等差数列的变式

二级等差数列的变式是指后一项减前一项所得的数值所形成的新的数列可能是自然数列、等比数列、平方数列、立方数列等或者这些数列加减"1""2"的形式。

例 5　−8,−4,4,20,(　　)

A. 60　　　　B. 52　　　　C. 48　　　　D. 36

解析：

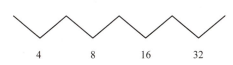

二级是公比为 2 的等比数列，由此推出答案是 B 选项。

例6 60,77,96,( ),140

A. 111　　　　　B. 117　　　　　C. 123　　　　　D. 127

解析：

二级是等差数列,由此推出答案是 B 选项。

例7 24,26,29,34,41,( )

A. 60　　　　　B. 55　　　　　C. 52　　　　　D. 48

解析：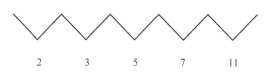

二级是质数列,由此推出答案是 C 选项。

例8 4,8,17,( ),58

A. 25　　　　　B. 29　　　　　C. 33　　　　　D. 41

解析：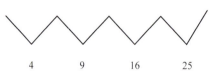

二级是平方数列,由此推出答案是 C 选项。

4. 三级等差数列及其变式

例9 8,14.5,24,37,54,( )

A. 80　　　　　B. 76.5　　　　　C. 75.5　　　　　D. 68

解析：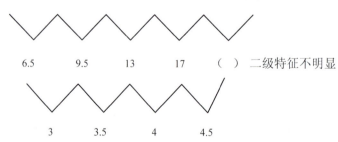　二级特征不明显

三级为等差数列,二级数列中未知项为 21.5,由此推出答案是 C 选项。

例10 0,1,3,9,24,55,( )

A. 111　　　　　B. 140　　　　　C. 156　　　　　D. 164

解析：
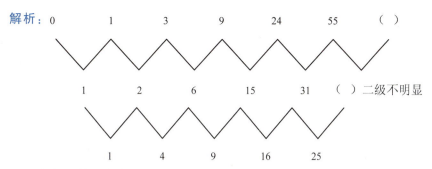

三级为自然数平方数列，二级数列中未知项为56，由此推出答案是 A 选项。

(二) 等比数列及其变式

1. 等比数列

等比数列的概念构建与等差数列的概念构建基本一致，所以要对比学习。

后一项与前一项的比为非零常数的数列叫作等比数列。

例 11　8,12,18,27,(　　)

A. 39　　　　　　B. 37　　　　　　C. 40.5　　　　　　D. 42.5

解析：
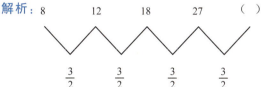

未知项 $27 \times \dfrac{3}{2} = 40.5$，答案为 C 选项。

例 12　$\sqrt{2}$,2,(　),4,$4\sqrt{2}$

A. $2\sqrt{2}$　　　　B. $3\sqrt{2}$　　　　C. 3　　　　D. $2\sqrt{3}$

解析：

$\sqrt{2}$　2　(　)　4　$4\sqrt{2}$

公比依次为 $\sqrt{2}$，$\sqrt{2}$，$\sqrt{2}$，$\sqrt{2}$

答案是 A 选项。

2. 二级等比数列

后一项与前一项的比组成的新数列依然是一个等比数列。

例 13　1,1,2,8,64,(　　)

A. 64　　　　　　B. 256　　　　　　C. 512　　　　　　D. 1024

解析：
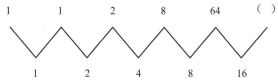

二级是公比为2的等比数列，答案是 D 选项。

3. 二级等比数列变式

二级等比数列变式,即后一项与前一项所得的比形成的新的数列可能是自然数列、平方数列、立方数列,或者是这些数列加减"1""2"的形式。

例 14 2,4,12,48,( )

A. 96　　　　　B. 120　　　　　C. 240　　　　　D. 480

解析:

二级是等差数列,答案是 C 选项。

例 15 0.25,0.25,0.5,2,16,( )

A. 32　　　　　B. 64　　　　　C. 128　　　　　D. 256

解析:

二级是公比为 2 的等比数列,答案是 D 选项。

例 16 6,15,35,77,( )

A. 106　　　　　B. 117　　　　　C. 136　　　　　D. 163

解析:15=6×2+3,35=15×2+5,77=35×2+7,由此推出( )=77×2+9,答案是 D 选项。

例 17 2,8,24,64,( )

A. 160　　　　　B. 512　　　　　C. 124　　　　　D. 164

解析:8=2×2+4,24=8×2+8,64=24×2+16,由此推出( )=64×2+32,答案是 A 选项。

(三) 质数数列及其变式

大于 1 且只能被 1 和本身整除的自然数叫作质数。

例 18 2,3,5,7,11,( )

A. 12　　　　　B. 13　　　　　C. 14　　　　　D. 15

解析:这是一个质数数列,答案是 B 选项。

例 19 20,22,25,30,37,( )

A. 39　　　　　B. 45　　　　　C. 48　　　　　D. 51

解析:

二级是一个质数数列,这是一道质数数列的变式题,答案是C选项。

例20 4,6,10,14,22,( )

A. 30   B. 28   C. 26   D. 24

解析:这也是一道质数数列的变式题。将数列的各项除以2得到2,3,5,7,11,( ),这是一个质数列,由此推出未知项是13×2=26,所以答案是C选项。

【思维训练】

1. 11,22,44,88,( )
   A. 128   B. 156   C. 166   D. 176

2. 17,24,33,46,( ),92
   A. 65   B. 67   C. 69   D. 71

3. 17,19,22,27,( ),45
   A. 35   B. 34   C. 36   D. 37

4. 582,554,526,498,470,( )
   A. 442   B. 452   C. 432   D. 462

5. 11,12,15,20,27,( )
   A. 32   B. 34   C. 36   D. 38

6. 1,2,2,( ),8,32
   A. 4   B. 3   C. 5   D. 6

7. 40,3,35,6,30,9,( ),12,20,( )
   A. 15,225   B. 18,25   C. 25,15   D. 25,18

8. 7,19,37,61,( )
   A. 87   B. 89   C. 91   D. 97

9. 0,2,6,14,( ),62
   A. 40   B. 36   C. 30   D. 38

10. 3,4,7,16,( ),124
    A. 33   B. 35   C. 41   D. 43

11. 3,4,6,10,18,( )
    A. 34   B. 36   C. 38   D. 40

12. 42,36,31,27,24,( )
    A. 20   B. 18   C. 22   D. 16

13. 16,18,21,26,33,( )
    A. 44   B. 48   C. 52   D. 56

14. 2,10,30,68,130,( )
    A. 169   B. 222   C. 181   D. 231

15. 1.01,2.02,3.04,5.08,( )
    A. 7.12   B. 7.16   C. 8.12   D. 8.16

16. 6,9,( ),24,36

科学思维能力训练

  A. 10   B. 11   C. 13   D. 15

17. 115,110,106,103,(　　)

  A. 102   B. 101   C. 100   D. 99

18. 4,9,16,25,(　　)

  A. 18   B. 26   C. 33   D. 36

19. 34,21,35,20,36,(　　)

  A. 19   B. 18   C. 17   D. 16

20. 4,5,(　　),14,23,37

  A. 6   B. 7   C. 8   D. 9

21. 100,81,64,49,36,(　　)

  A. 30   B. 25   C. 20   D. 15

22. 8,8,6,2,(　　)

  A. 2   B. 1   C. 0   D. −4

23. 4,19,6,16,8,(　　)

  A. 24   B. 13   C. 8   D. 14

24. 103,112,121,130,(　　)

  A. 131   B. 139   C. 132   D. 144

25. 2,5,10,17,(　　),37

  A. 26   B. 19   C. 22   D. 33

任务 7 复杂数字推理训练

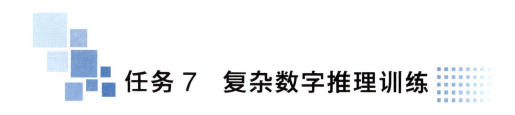

【任务内容】

所谓复杂数字,就是指除等差数列、等比数列以外,规律更加复杂的数列,常见的有移动数列、平方数列、立方数列、组合数列、圆圈形数列、三角形数列等。通过复杂的数字逻辑的学习和训练,进一步提高学生对数据的判断和预测能力。

本任务是在上一个任务的基础上进一步研究更为复杂数列的特点,进而掌握数字推理的方法。

一、移动求和(差)数列及其变式

1. 移动求和(差)数列

移动求和(差)数列是指前两项的和(差)得到第三项,或者前三项的和得到第四项。

例1 12,20,32,52,( ),136
A. 65　　　　　　B. 75　　　　　　C. 80　　　　　　D. 84

解析:答案是 D 选项。这是一道典型的移动求和数列题,从第三项起,它的每一项都是前两项之和。

例2 5,3,2,1,1,( )
A. −3　　　　　　B. −2　　　　　　C. 0　　　　　　　D. 2

解析:答案是 C 选项。这是一道典型的移动求差数列题,从第三项起,它的每一项都是前两项之差。

例3 0,1,1,2,4,7,13,( )
A. 22　　　　　　B. 23　　　　　　C. 24　　　　　　D. 25

解析:答案是 C 选项。从第四项起,它的每一项都是前三项的和。

2. 移动求和数列的变式

移动求和数列的变式是指前两项的和,经过变化之后得到第三项,这种变化可能是加、减、乘、除某一常数,或者是前两项的和与后一项之间具有某种关系;或是前两项的和构成一个等差数列、等比数列、平方数列、立方数列等的形式。

例4 1,3,12,45,171,( )
A. 648　　　　　　B. 658　　　　　　C. 646　　　　　　D. 656

解析:这是一道移动求和数列的变式题,前两项的和乘以 3 等于后一项,所以答案是 A 选项。

例5 1,2,2,3,4,6,(   )

A. 7　　　　　　B. 8　　　　　　C. 9　　　　　　D. 10

解析：这也是一道移动求和数列的变式题,前两项的和减1等于第三项,所以答案是C选项。

例6 12,4,8,6,7,(   )

A. 6　　　　　　B. 6.5　　　　　C. 7　　　　　　D. 8

解析：这是一道移动求和数列的变式题,前两项的和除以2等于后一项,所以答案是B选项。

例7 2,1,4,3,8,5,(   )

A. 8　　　　　　B. 10　　　　　C. 12　　　　　D. 13

解析：这是一道移动求和数列的变式题,相邻两项的和都是质数。

```
2   1   4   3   8   5   (  )
 \ / \ / \ / \ / \ / \ /
  3   5   7   11  13  17
```

相邻两项的和是质数数列,答案是C选项。

例8 2,3,4,9,12,15,22,(   )

A. 25　　　　　B. 26　　　　　C. 27　　　　　D. 28

解析：这是一道移动求和数列的变式题。

```
2   3   4   9   12   15   22   (  )
 \ / \ / \ / \ / \  / \  / \  /
  9   16  25   36   49   64
```

连续三项的和是自然数平方数列,答案是C选项。

二、移动求积(商)数列及其变式

1. 移动求积(商)数列

移动求积(商)数列是指前两项相乘(除)得到第三项。

例1 1,3,3,9,(   ),243

A. 12　　　　　B. 27　　　　　C. 124　　　　　D. 169

解析：这是一道典型的移动求积数列题,从第三项起,每一项都是前两项的乘积,所以答案是B选项。

例2 50,10,5,2,2.5,(   )

A. 5　　　　　　B. 10　　　　　C. 0.8　　　　　D. 0.6

解析：这是一道典型的移动求商数列题,从第三项起,每一项都是前两项之商,所以答案是C选项。

2. 移动求积(商)数列的变式

移动求积数列的变式是指前两项的乘积(商)经过变化之后得到第三项,这种变化可能是加、减、乘、除某一常数,或者是前两项的乘积(商)与后一项之间具有某种关系;或是前两项的积(商)构成一个等差数列、等比数列、平方数列、立方数列等的形式。

例3 2,3,9,30,273,( )
A. 8913　　　　　B. 8193　　　　　C. 7893　　　　　D. 12793

解析:这是一道移动求积数列的变式题,前两项的乘积加3等于后一项,所以答案是B选项。

例4 3,7,16,107,( )
A. 1707　　　　　B. 1704　　　　　C. 1086　　　　　D. 1072

解析:这是一道移动求积数列的变式题,前两项的乘积减5等于后一项,所以答案是A选项。

例5 3,4,6,12,36,( )
A. 8　　　　　　B. 72　　　　　　C. 108　　　　　D. 216

解析:这是一道移动求积数列的变式题,前两项的乘积除以2等于后一项,所以答案是D选项。

例6 2,6,24,120,( )
A. 360　　　　　B. 480　　　　　C. 600　　　　　D. 720

解析:这是一道移动求商数列的变式题,后一项与前一项的商为3,4,5,6,这是一个等差数列,所以答案是D选项。

三、平方数列及其变式

1. 平方数列

平方数列为几种基本数列(自然数列、奇数数列、等差数列等)的平方。

例1 1,4,9,16,25,( )
A. 31　　　　　　B. 32　　　　　　C. 34　　　　　　D. 36

解析:答案是D选项。

例2 9,1,( ),9,25,49
A. 1　　　　　　　B. 2　　　　　　　C. 4　　　　　　　D. 5

解析:其规律是等差数列-3,-1,1,3,5,7的平方,所以答案是A选项。

2. 平方数列的变式

这一数列的特点不是简单的平方数列,而是在此基础上的变化,变化形式主要有下列几种情形。

(1) 平方数列各项±k(k为常数)。
(2) 平方数列各项±等差数列、等比数列等。
(3) $a_{n+2}^2 = a_n^2 + a_{n+1}^2$。
(4) $a_{n+2} = a_{n+1}^2 \pm ka_n$。
(5) $a_n = n^2 - n = (n-1)n (n \in N)$。

例3 66,83,102,123,( )
A. 144　　　　　B. 145　　　　　C. 146　　　　　D. 147

科学思维能力训练

解析：其规律是 8,9,10,11 的平方数加 2,所以答案是 C 选项。

例 4　2,3,10,15,26,(　　)

A. 29　　　　　　B. 32　　　　　　C. 35　　　　　　D. 37

解析：其规律是 $2=1^2+1,3=2^2-1,10=3^2+1,15=4^2-1,26=5^2+1$,未知项 $6^2-1=35$,所以答案是 C 选项。

例 5　0,2,6,12,(　　)

A. 18　　　　　　B. 20　　　　　　C. 24　　　　　　D. 36

解析：其规律是 $0=0\times1,2=1\times2,6=2\times3,12=3\times4$,未知项为 $4\times5=20$,所以答案是 B 选项。

例 6　80,62,45,28,(　　)

A. 7　　　　　　B. 9　　　　　　C. 11　　　　　　D. 15

解析：其规律是 $80=9^2-1,62=8^2-2,45=7^2-4,28=6^2-8$,所以未知项为 $9=5^2-16$,答案是 B 选项。

例 7　1,2,3,7,46,(　　)

A. 2109　　　　　B. 1289　　　　　C. 322　　　　　D. 147

解析：其规律是 $a_{n+2}=a_{n+1}^2-a_n$,即 $3=2^2-1,7=3^2-2,46=7^2-3$,未知项为 $46^2-7=2109$,所以答案是 A 选项。

3. 二级平方数列

这一数列的特点是数列的各项可以表示成某些数的平方,而这些数所形成的数列可能是等差数列、等比数列或其他形式的数列。

例 8　1,4,16,49,121,(　　)

A. 256　　　　　B. 225　　　　　C. 196　　　　　D. 169

解析：

两项之差为自然数列,未知项为 $16^2=256$,答案是 A 选项。

例 9　9,16,36,100,(　　)

A. 144　　　　　B. 256　　　　　C. 324　　　　　D. 361

解析：

两项之差为公比为 2 等比数列,未知项为 $18^2=324$,答案是 C 选项。

例 10 1,0,9,100,( )
A. 181　　　　　B. 281　　　　　C. 441　　　　　D. 620

解析：

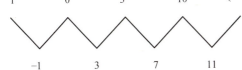

两项之差为公差为 4 的等差数列,未知项为 $21^2=441$,答案是 C 选项。

例 11 1,4,9,36,144,( )
A. 196　　　　　B. 256　　　　　C. 366　　　　　D. 576

解析：1　　4　　9　　36　　144　　( )
　　　1^2　2^2　3^2　6^2　12^2　( )

数列 1,2,3,6,12,( )为移动求和数列,从第三项起,每一项为前面所有各项之和,未知项为 $24^2=576$,答案是 D 选项。

四、立方数列及其变式

1. 立方数列

立方数列为几种基本数列(自然数列、奇数数列、等差数列等)的立方。

例 1 1,8,( ),64,125,216
A. 16　　　　　B. 24　　　　　C. 27　　　　　D. 32

解析：各项为 $1^3,2^3,3^3,4^3,5^3,6^3$,答案是 C 选项。

2. 立方数列的变式

这一数列的特点不是简单的立方数列,而是立方数列进行加减常数的变化。

例 2 −2,−1,6,25,62,( )
A. 105　　　　　B. 123　　　　　C. 161　　　　　D. 181

解析：其规律是 $0^3-2,1^3-2,2^3-2,3^3-2,4^3-2$,未知项为 $5^3-2=123$,答案是 B 选项。

例 3 0,9,26,65,124,( )
A. 165　　　　　B. 193　　　　　C. 217　　　　　D. 239

解析：其规律是 $0=1^3-1,9=2^3+1,26=3^3-1,65=4^3+1,124=5^3-1$,未知项为 $6^3+1=217$,答案是 C 选项。

例 4 0,6,24,60,120,( )
A. 186　　　　　B. 210　　　　　C. 220　　　　　D. 226

解析：其规律是 $0=1^3-1,6=2^3-2,24=3^3-3,60=4^3-4,120=5^3-5$,未知项为 $6^3-6=210$,答案是 B 选项。

五、组合数列

1. 间隔组合数列

这一数列的特点是奇数项适用一种规律,偶数项适用一种规律。

科学思维能力训练

例1 1,3,3,6,7,12,15,(　　)

A. 17　　　　B. 27　　　　C. 30　　　　D. 24

解析：奇数项为

```
1       3       7       15
 \     / \     / \     /
  2       4       8
```

二级为等比数列，偶数项为 3,6,12,(　　)，这是一个公比为 2 的等比数列，所以答案是 D 选项。

2. 分段组合数列

这一数列的特点是每两项(或三项)为一段，适用某种共同的规律。

例2 8,23,27,80,84,251,255,(　　)

A. 764　　　B. 668　　　C. 686　　　D. 866

解析：每两项为一段，其规律是：23＝8×3－1,80＝27×3－1,251＝84×3－1,未知项为 255×3－1＝764，答案是 A 选项。

例3 400,360,200,170,100,80,50,(　　)

A. 10　　　　B. 20　　　　C. 30　　　　D. 40

解析：每两项为一段

```
400  360   200  170   100  80   50  ( )
   \/         \/         \/        \/
   40         30         20        10
```

两项的差是一个等差数列，答案是 D 选项。

例4 1,3,4,1,9,(　　)

A. 5　　　　B. 11　　　　C. 14　　　　D. 64

解析：每三项为一段，第二段的每一项是第一段相应项的一次方、二次方、三次方，所以答案是 D 选项。

例5 4,3,1,12,9,3,17,5,(　　)

A. 12　　　　B. 13　　　　C. 14　　　　D. 15

解析：每三项为一段，其规律是每一段数中，第一项是后两项之和，答案是 A 选项。

例6 2,5,2,20,3,4,3,36,5,6,5,150,8,5,8,(　　)

A. 280　　　B. 320　　　C. 340　　　D. 360

解析：每四项为一段，其规律是每一段数中，第四项是前三项的乘积，答案是 B 选项。

3. 特殊组合数列

这一数列的特点是数列各项的不同部分各自适用不同的规律。

例7 1.01,4.02,9.03,(　　),25.05

A. 16.04　　　B. 15.04　　　C. 16.03　　　D. 15.03

任务7 复杂数字推理训练

解析：数列中每一项的整数部分是一个平方数列，小数部分是一个等差数列，答案是 A 选项。

例 8 $1, 2, 1+\sqrt{2}, (\quad), 3$

A. $3+\sqrt{2}$　　　　B. 3.5　　　　C. $1+\sqrt{3}$　　　　D. $4-\dfrac{\sqrt{3}}{2}$

解析：将数列的各项分别表示为
$1+\sqrt{0}, 1+\sqrt{1}, 1+\sqrt{2}, (1+\sqrt{3}), 1+\sqrt{4}$，答案是 C 选项。

例 9 $2, 8, 24, 64, (\quad)$

A. 160　　　　B. 512　　　　C. 124　　　　D. 164

解析：将数列的各项分别表示为 $1\times 2^1, 2\times 2^2, 3\times 2^3, 4\times 2^4$，未知项为 5×2^5，答案是 A 选项。

4. 分数组合数列

这一数列的特点是分子、分母各自适用不同的规律。

例 10 $\dfrac{1}{3}, \dfrac{1}{2}, \dfrac{3}{5}, \dfrac{2}{3}, \dfrac{5}{7}, (\quad)$

A. $\dfrac{3}{4}$　　　　B. $\dfrac{2}{3}$　　　　C. $\dfrac{7}{9}$　　　　D. 无法确定

解析：将数列各项分别表示为 $\dfrac{1}{3}, \dfrac{2}{4}, \dfrac{3}{5}, \dfrac{4}{6}, \dfrac{5}{7}$，未知项为 $\dfrac{6}{8}=\dfrac{3}{4}$，答案是 A 选项。

解答分数数列问题时，要注意分数约分前后的形式。有时还需要将其中的整数写成分式的形式。

例 11 $-\dfrac{1}{3}, \dfrac{1}{3}, \dfrac{5}{6}, \dfrac{7}{6}, (\quad)$

A. $\dfrac{4}{3}$　　　　B. $\dfrac{3}{4}$　　　　C. $\dfrac{4}{9}$　　　　D. $\dfrac{7}{9}$

解析：将数列的各项分别表示为 $-\dfrac{2}{6}, \dfrac{2}{6}, \dfrac{5}{6}, \dfrac{7}{6}, (\quad)$

分母均为 6，分子为

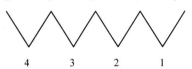

未知项的分子为 8，未知项为 $\dfrac{8}{6}=\dfrac{4}{3}$，答案是 A 选项。

六、圆圈形数字推理

例

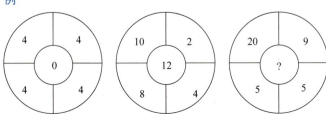

A. 7　　　　　　B. 9　　　　　　C. 11　　　　　　D. 15

解析：圆圈形数字推理，(4+4)−(4+4)=0，(10+8)−(2+4)=12，(20+5)−(9+5)=11，答案为 C 选项。

圆圈形数字推理常考形式有左右对称、上下对称和对角对称。例如：

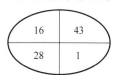　　左右对称，运算规律为：16+28=43+1。

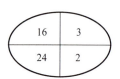　　上下对称，运算规律为：16×3=24×2。

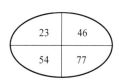　　对角对称，运算规律为：23+77=54+46。

七、三角形数字推理

例

A. 27　　　　　　B. 29　　　　　　C. 34　　　　　　D. 38

解析：三角形数字推理，(11+7+5)×2=46，(9+8+7)×2=48，(7+3+6)×2=32，(10+5+4)×2=38，答案为 D 选项。

圆圈形数字推理和三角形数字推理运算一般较为简单，涉及的运算法则不会超过加减乘除，要求学生对各项数据具有一定的敏感度与转化能力。

【思维训练】

1. 5, 25, 61, 113, (　　)
   A. 154　　　　B. 125　　　　C. 181　　　　D. 213

2. $\dfrac{1}{3}, \dfrac{1}{7}, \dfrac{1}{21}, \dfrac{1}{147}$, (　　)
   A. $\dfrac{1}{259}$　　B. $\dfrac{1}{3087}$　　C. $\dfrac{1}{531}$　　D. $\dfrac{1}{2095}$

3. 1.1, 2.2, 4.3, 7.4, 11.5, (　　)
   A. 16.6　　　　B. 15.6　　　　C. 15.5　　　　D. 16.5

4. 5,8,( )23,35
   A. 19　　　　B. 18　　　　C. 15　　　　D. 14
5. 13,28,43,58,( )
   A. 70　　　　B. 71　　　　C. 72　　　　D. 73
6. 0,3,8,15,24,( )
   A. 27　　　　B. 29　　　　C. 35　　　　D. 37
7. 0,1,3,7,( )
   A. 13　　　　B. 15　　　　C. 18　　　　D. 21
8. 4,9,25,49,( )
   A. 81　　　　B. 100　　　C. 121　　　D. 169
9. $\frac{1}{5},\frac{1}{10},\frac{1}{17},\frac{1}{26}$,( )
   A. $\frac{1}{54}$　　B. $\frac{1}{37}$　　C. $\frac{1}{49}$　　D. $\frac{1}{53}$
10. 3,3,6,18,72,( )
    A. 144　　　B. 360　　　C. 540　　　D. 640
11. 25,225,625,( )
    A. 1325　　B. 1425　　C. 1125　　D. 1225
12. 7,8,11,20,47,( )
    A. 69　　　　B. 128　　　C. 108　　　D. 87
13. 3,15,35,63,( )
    A. 85　　　　B. 99　　　　C. 121　　　D. 79
14. 28,54,106,210,( )
    A. 316　　　B. 420　　　C. 418　　　D. 450
15. 1,2,5,26,( )
    A. 31　　　　B. 51　　　　C. 81　　　　D. 677
16. 2,5,13,38,( )
    A. 121　　　B. 116　　　C. 106　　　D. 91
17. 3,10,21,35,51,( )
    A. 59　　　　B. 66　　　　C. 68　　　　D. 72
18. 1,8,20,42,79,( )
    A. 126　　　B. 128　　　C. 132　　　D. 136
19. −8,−4,4,20,( )
    A. 60　　　　B. 52　　　　C. 48　　　　D. 36
20. ( ),4,18,48,100
    A. −16　　　B. −8　　　　C. −4　　　　D. 0
21. 2,2,6,12,27,( )
    A. 42　　　　B. 50　　　　C. 58.5　　　D. 63.5

22. 2,13,40,61,(　　)

　　A. 46.75　　　B. 82　　　C. 88.25　　　D. 121

23. (　　)

　　A. 4　　　B. 8　　　C. 16　　　D. 32

24. (　　)

　　A. 28　　　B. 24　　　C. 14　　　D. 13

25. (　　)

　　A. 100　　　B. 56　　　C. 25　　　D. 0

任务 8 数独

【任务内容】

"数独"是一种源自 18 世纪瑞士的数字填写智力游戏。它类似于中国古老的一种填数游戏——九宫格,只是在形式上花样更多、更复杂。现在世界上已成立国际"数独"联盟并举办世界性比赛,我国也有"数独"联盟并组队参加世界"数独"大赛,北京、天津、沈阳、南京等市也有相关的地方组织。

"数独"的玩法逻辑简单,数字排列方式千变万化。不少教育者认为"数独"是锻炼脑筋的好方法。

一、"数独"介绍

(1) 英文名是 sudoku,音译名"数独"。
(2) 最常见的是 9×9,还有 6×6、12×12、16×16,当然还有很多变种数独。
(3) 在 9×9 的九宫格里,每个 3×3 的区域叫"宫"。

规则是:要求每行、每列、每个小宫格都有数字 1 至 9,并且同一数字在每一行、每一列及每个小宫格只能出现一次,既不能重复,也不能少。

二、"数独"技巧

1. 唯一解法

当某行、某列或某一宫内已填数字达到 8 个,那么剩下的那个格子里的数字就确定了。下面是典型例题。

	1	2	3	4	5	6	7	8	9
A					①			2	
B			2		③		4		
C			3		⑤		6	1	
D				7	⑥		8	3	
E					8				
F		6	9		②	3			
G	9	8			④		7		
H		5			⑨		2		
I		4			⑦				

科学思维能力训练

2. 基础摒除法

利用1～9的数字在每一行、每一列、每一个宫都只能出现一次的规则进行解题的方法。基础摒除法可以分为行摒除、列摒除、九宫格摒除。

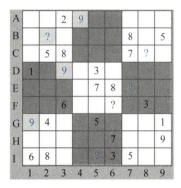

此例当中,"?"处可以利用基本摒除法推断出来填9。

3. 区块摒除法

区块摒除法是基础摒除法的提升方法,是直观法中使用频率最高的方法之一。

从左图看,G1和G2两个6是左下角那个宫内可能填入6的地方,虽然具体位置没确定,但是在左下角的那个宫内,6一定填在第一行。再看右图,可以根据G1和G2中的两个6确定G4和G5不能填6,根据C4确定H4和I4也不能填6,从而确定中下边的那个宫内6的位置。

4. 单元摒除法

单元摒除法是比较基本的排除方法,包括宫摒除、列摒除、行摒除。

(1) 在一个宫内进行排除

根据 G2 和 D7 的两个 3 确定左边中间那个宫内 3 的位置只能填在 E1。

（2）在一列内进行排除

	1	2	3	4	5	6	7	8	9
A		1	5	2		3			4
B			2			5			1
C			4			6			7
D			8						
E	4		6				3		2
F			×		5				
G	2		×	9		1			
H	9		×	5		4			
I	⑤		×	8	7		9		

（3）在一行内进行排除

	1	2	3	4	5	6	7	8	9
A									
B					8		2		③
C	8	×	7	9	2	3	×	4	×
D	7				4				
E		5	9	1		6	3		
F				2					7
G	③			4	9	5		8	
H	4		8		6				
I									

5. 唯余解法

就是某宫内可以填入的数已经排除了 8 个，那么这个宫格的数字就只能填入那个没有出现的数字。这也是最基本的排除法。

	1	2	3	4	5	6	7	8	9
A				5			8		
B			2			6		3	
C	④		9					1	
D		1	7		3				
E				6					
F	7	②	⑨	⑤		⑥			
G	③				2		8		
H	⑧		4		7				
I		5		3					

6. 利用隐藏数对

在某一行、某一列或者某一宫内,有两个数字只能填在某两个格内,虽然它们的具体位置没定,但是其他数字都不能填入。

	1	2	3	4	5	6	7	8	9
A		①	②		3		×	×	×
B				4		5	×	6	12
C	3		6			×	12	7	
D		2		5		4			
E			8				②		
F			3		2		5		
G	9					①		8	
H		7		3			9		
I			1			7	3		

	1	2	3	4	5	6	7	8	9
A		1	2			③	×	×	×
B			4		5	3	3	6	12
C	③		6				×	12	7
D		2		5		4			
E			8				2		
F			3		2		5		
G	9						1		8
H		7		3			9		
I			1			7	3		

在此例中,左图右上角的那个宫里,根据 A2 和 A3 以及 E7、G6,A7~A9、B7 和 G7 都不能填 1 和 2,那么只有 B9 和 C8 能填入 1 和 2,这时可以确定这两个格内不能再填其他数字。再看右图,根据 C1 和 A6 中的两个 3 可以确定右上角那个宫里 3 的具体位置。

三、例题讲解

例 1

3	5	9	_	8	6	_	4	7
1	8	6	7	_	_	2	3	5
_	7	2	_	3	_	5	6	9
6	_	7	8	_	3	1	5	4
9	4	_	_	_	2	_	1	3
5	1	_	3	9	7	4	8	_
_	3	_	_	5	9	_	4	_	6
8	_	_	_	1	_	_	_	_
2	9	5	_	4	_	6	3	8

这道例题主要是向学生介绍唯一解法和唯余解法,即利用每行、每列、每个宫内所缺少的唯一的数字来填。

例 2

6	4		2	7	3	8		9
3		8	5	9	6	2		7
2	9	7			8	3		5
	2	9					3	
	3	6				1	8	4
8	5				6	9		
5	6	2	1	4	9		3	
	8	3		5	7	9	2	1
9	7		3		2		5	6

这道例题可以利用上面的唯一解法填出来，但在课堂上最好讲一些其他技巧。比如第 8 列，一共有四个空格，上面三个一定填 146（因为右上角那个宫里只缺 146），所以第 4 行第 8 列肯定填 7。这个属于区块摒除法。

也可以利用基础摒除法。看最中间那个宫里，5 应该填在哪儿？这时可以利用它上下左右四个宫里的 5 卡来，一定填在第 5 行第 6 列。

例 3

	1	2	3	4	5	6	7	8	9
A			6		5	9			
B		4				8	1	2	
C	7		8			6			3
D		7	1	8		5		6	9
E	5								1
F	8	3		6		2		7	4
G	2			7					4
H		5	4	2				7	
I				5	8		3		

I3 这个格可以利用基础摒除法，即利用 1、2、3 这三列，一定填 7。

还可以利用基础摒除法的有：B3（填 5）、B9（填 6）、I9（填 2）、H5（填 6）……

D7 可以利用区块摒除法。看左边中间的那个宫，D1、F3 都不能是 2，所以在这个宫里，2 一定在 E 行。再看右边中间的那个宫，2 不能在 E 行、F 行出现，所以只能填 D7。

E4 也可以利用区块摒除法。看下边中间的那个宫，6 列中已经有 9，所以在这个宫里，9

只能填在 5 列。再看最中间的那个宫，5、6 列都不能填 9，所以 E4 一定填 9。

看 I 行，1、2、3 列和 8、9 列都不能填 4，因为同一个宫里已经有 4，所以 I6 一定是 4。这是利用单元摒除法，在一行内进行排除。

看 7 列，A、D、E、H 行都不能填 5，因为同行里面已经有 5，所以 C7 一定填 5。这也是利用单元摒除法，在一列内进行排除。

"数独"游戏不仅除需要耐心、专心、细心，更需要发挥推理与思考的能力。数独入门较容易，但逐步深入更难的游戏时，就需要发展出更多的技巧。最好的技巧就是你自己发现的窍门，这样才能运用自如，也许你还会发现一些别人从未发现的绝招。

四、变形数独

1. 对角线数独

标准数独规则：每行、每列、每个标有粗线的区域内的数字不能重复。

对角线数独规则：每行、每列、每个标有粗线的区域内的数字不能重复，每条标有虚线的对角线上的数字也不能重复。

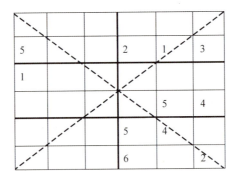

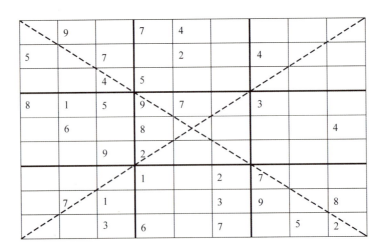

（1）7×7 对角线数独

填入 1～7，要求每行、每列、每条对角线上的 7 个数字互不相同。

任务8 数独

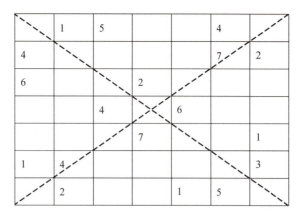

(2) 8×8标准数独

填入1～8，要求每行、每列、每个用粗线标注的2×4的宫格内的8个数字互不相同。

3	1					5	
					8		
			1			6	5
7					8		
	8		4	1			
	5	6					2
				2	5	3	7

(3) 9×9不规则数独

填入1～9，要求每行、每列、每个用粗线标注的区域内的9个数字互不相同。

4	5	6				7	2	8
	3			2			5	
			7	6			4	
	7		6		4			5
		8		7		1		
2				8		6	7	
		4			5	3		
		2			4		8	
1	9	4				2	3	6

(4) 9×9奇偶数独

填入1～9，要求每行、每列及每个用粗线标注的3×3的宫格内的9个数字互不相同，灰色格内为偶数，白色格内为奇数。

科学思维能力训练

(5) 4×4×4 立方体数独

将 1~8 填入立方体中,要求图中箭头所示的方向上的 8 个数字互不相同,每个用粗线标注的 2×4 的区域内的 8 个数字互不相同。

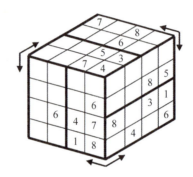

2. 奇数数独(2010 年中国数独锦标赛个人赛第五轮第 2 题)

将 1~9 填入方格中,要求每行、每列、每个用粗线标注的 3×3 区域内的 9 个数字互不相同,所有阴影部分必须填入奇数。

3. 胶囊数独(2007 年第二届世界数独锦标赛个人赛第二轮第 1 题)

将 1~8 填入方格中,要求每行、每列、每个用粗线标注的区域内的 8 个数字互不相同。每个胶囊内只能填入一个数字,并且这个数字被它所占据的三列共用。

任务8 数独

	7	3				4		
		1	4				7	8
8				5				
			1		8			
				4	6			
			6	3				
3	2							

【思维训练】

1.

	8				1	6		
	7		4				2	1
5			3	9	6			
2		4		5		1	3	
		8	9		7	5		
	5	7		3		9		2
			5	6	3			9
3	1			2		5		
		5	8			4		

2.

4	7		1		8		2	9
		6	9	2	7	1		
	9		6		1		3	
3								4
	4		7		9		8	
		4	8	7	5	3		
5	8		4		3		9	7

3.

6	4	5	9					3
7								
		3				6	8	4
					5		3	9
1			3		7		2	
4	2			9				
2		4	8				9	
								5
5					9	4	1	6

科学思维能力训练

4.

	9	5			8			
1	8	2		3	6	7		
		4						5
	5		8	2	4			7
	6			5	1		2	
4				7			8	
2						1	4	
9		6	1			3	5	
			3			2		

5.

	1	5			9	8		
7					2			
		4		3			6	
			9					
		8		7		5	2	
6	7				4			8
				5			8	
3					8			4
		8		6		1		3

6.

	6		1				5	
		9		3			2	
8	2							
								7
				1		9	6	
7	4		6		5		3	1
		8						
	3		5	7		4	9	
	1			4				

任务 9　博弈论初步介绍

【任务内容】

要求学生了解"博弈"思想,理解"博弈"的基本要素,体会"博弈"参与者的想法,并学会"博弈"的方法分析生活中的现象。

案例 1　进行两位陌生人分 100 元钱的实验,甲提出一种分配方案,乙选择接受或拒绝。若乙接受,则实施甲的方案;若乙拒绝,则这笔钱被实验者收回,甲、乙什么都得不到。

那么,甲会怎么提方案?

假设甲、乙足够聪明,并且都期望得到最大利益,两人不认识,也不互相合作。

从这个引例大家可以发现,决策者需要考虑到对方的想法,才能为自己提供决策。这种通过考虑对方想法而为自己做决策的过程就是博弈的思想。

"博弈论"研究和帮助在互动情形中理性人应当如何做决策的数学理论分支。"现代博弈论"的起源可以追溯到 1944 年由数学奇才约翰·冯·诺依曼(John Von Neumann)和经济学家奥斯卡·摩根斯坦(Oskar Morgenstern)合著的《博弈论与经济行为》一书的出版。他们的著作一出版就被誉为百年来最伟大的科学成就之一。

随着现代经济学研究对象的个体化,从完全竞争市场到寡头竞争市场,从供需曲线决定价格到买卖双方讨价还价,从企业简单利润最大化到委托人—代理人问题,经济学家迫切需要能够研究这些多个理性人互动情形的分析手段。"博弈论"的产生填补了这一空白。自 20 世纪 70 年代起,"博弈论"在经济学各个领域全面应用。1994 年的诺贝尔经济学奖被约翰·纳什(John Nash)、莱茵哈德·泽尔腾(Reinhard Selten)和哈桑尼(John Harsanyi)三位博弈论先驱所分享,标志着"博弈论"在经济学中地位的正式确定。2005 年的诺贝尔经济学奖再次落入罗伯特·约翰·奥曼(Robert John Aumann)和托马斯·谢林(Thomas C. Schelling)两位"博弈论"专家的囊中。

谈到"博弈论",很多人常常认为我们古代的战略思想家做出了很大的贡献。第一个著名的贡献是"田忌赛马",这当然是一个充满智慧的故事,但可惜的是,它并没有形成系统的分析方法。田忌运用孙膑的妙计在劣势下赢了迂腐的齐王,不过下次齐王学乖了,田忌又要落下风了。第二个著名的贡献是《孙子兵法》兵法十三篇——用兵用计。但是《孙子兵法》讨论的只是战争博弈,没有提升到理论的高度。用"博弈论"的术语,战争博弈是"零和博弈"。商业博弈与战争博弈的最大区别在于,商业博弈不一定要分出赢家和输家,如果选择得当,商业博弈的双方都可以是成功者。买卖双方自由交易,愿买愿卖,最终双方得益。对于经济学家和企业家来说,最有意义的博弈是"非零和博弈",只有"非零和博弈"才会产生双赢的结果。

科学思维能力训练

每一个博弈都是一个你中有我、我中有你的情形，不同的博弈参与者可以选择不同的行动。每个参与者选择的行动不仅影响自己的利益，还影响其他参与者的利益。在这个情形中，每个参与者最终应该采用怎样的行动，这是博弈论研究的中心问题。

案例 2　博弈实例：石头、剪刀、布。

博弈参与者：两名同学。

博弈过程：两人在"石头、剪刀、布"三种策略中选择一种。

如果两人的策略一样，则平局。

出"石头"一方胜过出"剪刀"一方。

出"剪刀"一方胜过出"布"一方。

出"布"一方胜过出"石头"一方。

博弈双方策略相互依赖，不独立。

一、博弈论

"博弈论"也称对策论或竞赛论。"博弈"是指当两个或多个决策主体之间存在相互作用，任何一方的决策策略都不能完全独立于其他各方策略时，各方的决策过程及均衡问题。

博弈论是指研究多个个体或团队之间在特定条件制约下的对局中利用相关方的策略而实施对应策略的学科。博弈论是研究具有斗争或竞争性质现象的理论和方法，它是应用数学的一个分支，既是现代数学的一个新分支，也是运筹学的一个重要分支。目前，在生物学、经济学、国际关系学、计算机科学、政治学、军事战略和其他很多学科都有广泛的应用。

"博弈论"研究个体如何在错综复杂的相互影响中得出最合理的策略。博弈最本质的特征是双方的行动相互影响又相互依赖。博弈论考虑游戏中的个体的预测行为和实际行为，并研究它们的优化策略。表面上不同的相互作用可能表现出相似的激励结构，所以它们是同一个游戏的特例。具有竞争或对抗性质的行为称为博弈行为，在这类行为中，参加斗争或竞争的各方各具有不同的目标或利益。为了达到各自的目标和利益，各方必须考虑对手的各种可能的行动方案，并力图选取对自己最为有利或最为合理的方案。比如，日常生活中的下棋、打牌等。"博弈论"就是研究博弈行为中斗争各方是否存在最合理的行为方案，以及如何找到这个合理的行为方案的数学理论和方法。

生物学家使用博弈理论来理解和预测进化论的某些结果。例如，John Maynard Smith 和 George R. Price 在 1973 年发表于 *Nature* 上的论文中提出的 "evolutionarily stable strategy" 概念就使用了博弈理论，还可以参见演化博弈理论和行为生态学。

"博弈论"也应用于数学的其他分支，如概率论、统计和线性规划等。

二、博弈论的发展

"博弈"思想古已有之。我国古代的《孙子兵法》不仅是一部军事著作，而且是较早的一部"博弈论"专著。博弈论最初主要研究象棋、桥牌、赌博中的胜负问题。人们对博弈局势的把握只停留在经验上，没有向理论化方向发展，博弈论正式发展为一门学科则是在 20 世纪初。

对于博弈论的研究，开始于策墨洛、波雷尔及冯·诺依曼，后来由冯·诺依曼和奥斯卡·摩根斯坦首次对其系统化和形式化。随后约翰·纳什利用不动点定理证明了均衡点的存在,为"博弈论"的一般化奠定了坚实的基础。此外,塞尔顿、哈桑尼的研究也对博弈论发展起到了推动作用。今天博弈论已发展成一门较完善的学科。

通常认为,现代经济"博弈论"是在20世纪50年代由美国著名数学家冯·诺依曼及经济学家奥斯卡·摩根斯坦引入经济学的,目前已成为经济分析的主要工具之一。对产业组织理论、委托代理理论、信息经济学等经济理论的发展做出了非常重要的贡献。1994年的诺贝尔经济学奖颁发给了纳什、哈桑尼和泽尔腾三位在"博弈论"研究中成绩卓著的经济学家,1996年的诺贝尔经济学奖又授予了在博弈论应用方面有着重大成就的经济学家。由于博弈论重视经济主体之间的相互联系及其辩证关系,大大拓宽了传统经济学的分析思路,使其更加接近现实市场竞争,从而成为现代微观经济学的重要基石,也为现代宏观经济学提供了更加坚实的微观基础。

"博弈论"发展的重要时间点和阶段。

(1) 20世纪初,塞梅鲁、鲍罗和冯·诺依曼开始研究博弈的数学表达方式。

(2) 1944年,冯·诺依曼和经济学家奥斯卡·摩根斯坦合作发表了《博弈论与经济行为》一书,使博弈的理论和思想进入经济学领域。

(3) 1950年和1951年,约翰·纳什利用不动点定理证明了博弈均衡的存在性,为"博弈论"奠定了坚实的理论基础。

(4) 20世纪70年代,哈桑尼和莱茵哈德·泽尔腾等将不完全信息理论融入"博弈论"的研究中。

(5) 20世纪90年代之后,博弈论作为一种方法被普遍运用到经济学、政治学、生物学、军事学、统计学等领域中,博弈理论已成为当代经济学理论不可或缺的重要组成部分。

三、博弈论的基本概念

1. 博弈要素

(1) 局中人:在一场竞赛或博弈中,只有两个局中人的博弈现象称为"两人博弈",而多于两个局中人的博弈称为"多人博弈"。在"石头、剪刀、布"博弈中,博弈参与者是玩游戏的两个人,博弈参与者可能是单个人,也可能是组织或集体。

(2) 策略:在一局博弈中,每个局中人都要选择实际可行的完整行动方案。一个可行的、全局筹划的行动方案称为策略。如果在博弈中,局中人总共有有限个策略,则称为"有限博弈",否则称为"无限博弈"。在"石头、剪刀、布"博弈中,博弈参与者所能采取的博弈策略均为"石头""剪刀"或"布"。

(3) 得失:一局博弈结局时的结果称为得失,每个局中人在一局博弈结束时的得失,不仅与该局中人自身所选择的策略有关,而且与全局中人所选定的一组策略有关。所以,一局博弈结束时,每个局中人的"得失"是全体局中人所选定的一组策略的函数,通常称为支付函数,在"石头、剪刀、布"博弈中,博弈参与者得到的收益是:赢、平局、输三种可能的结果。

(4) 次序:各博弈方的决策有先后之分,且一个博弈方要做不止一次的决策选择,就出现了次序问题;其他要素相同次序不同,博弈就不同。

(5) 博弈均衡:博弈的均衡是指所有参与者最优策略的组合,均衡是平衡的意思,在经济学中,均衡意即相关量处于稳定值。在供求关系中,某一商品如果使购买者均能以同一价格买到,而卖家也均能以此价格出售,此时我们就说,该商品的供求达到了均衡。所谓纳什均衡,就是一种稳定的博弈结果。

2. 纳什均衡

在一个策略组合中,所有的参与者面临这样一种情况,当其他人不改变策略时,他此时的策略是最好的。也就是说,此时如果他改变策略,他的支付将会降低。在纳什均衡点上,每一个理性的参与者都不会有单独改变策略的冲动,纳什均衡点存在性证明的前提是"博弈均衡偶"概念的提出,所谓"均衡偶",是指在二人"零和博弈"中,当局中人 A 采取其最优策略 a^*,局中人 B 也采取其最优策略 b^*,如果局中人 B 仍采取 b^*,而局中人 A 却采取另一种策略 a,那么局中人 A 的支付不会超过他采取原来的策略 a^* 的支付。这一结果对局中人 B 也是如此。

这样,"均衡偶"的明确定义为:一对策略 a^*(属于策略集 A)和策略 b^*(属于策略集 B)称为均衡偶,对任一策略 a(属于策略集 A)和策略 b(属于策略集 B),总有:

偶对(a,b^*)≤偶对(a^*,b^*),偶对(a^*,b)≤偶对(a^*,b^*)

对于"非零和博弈"也有如下定义:一对策略 a^*(属于策略集 A)和策略 b^*(属于策略集 B)称为"非零和博弈"的均衡偶,对任一策略 a(属于策略集 A)和策略 b(属于策略集 B),总有:对局中人 A 的偶对(a,b^*)≤偶对(a^*,b^*);对局中人 B 的偶对(a^*,b)≤偶对(a^*,b^*)。

有了上述定义,就可以得到纳什定理:任何具有有限纯策略的二人博弈中至少有一个均衡偶。这一均衡偶就称为纳什均衡点。

纳什定理的严格证明要使用不动点理论,不动点理论是经济均衡研究的主要工具。

通俗地说,寻找均衡点的存在性等价于找到博弈的不动点。纳什均衡点概念提供了一种非常重要的分析手段,使博弈论研究可以在一个博弈结构里寻找比较有意义的结果。

但纳什均衡点定义只局限于任何局中人不想单方面变换策略,而忽视了其他局中人改变策略的可能性。因此,在很多情况下,纳什均衡点的结论缺乏说服力,研究者们形象地称为"天真可爱的纳什均衡点"。塞尔顿在多个均衡中去除一些按照一定规则不合理的均衡点,从而形成了两个均衡的精练概念:子博弈完全均衡和颤抖的手完美均衡。

四、博弈的类型

博弈根据不同的基准也有不同的分类。一般认为,博弈主要分为合作博弈和非合作博弈。合作博弈和非合作博弈的区别在于相互发生作用的当事人之间是否有约束力的协议,如果有,就是合作博弈;如果没有,就是非合作博弈。

依据行为的时间序列性,博弈进一步分为静态博弈和动态博弈两类。静态博弈是指在博弈中,参与人同时选择或虽非同时选择但后行动者并不知道先行动者采取了什么具体行动。动态博弈是指在博弈中,参与人的行动有先后顺序,且后行动者能够观察到先行动者所选择的行动。通俗的理解:"囚徒困境"就是同时决策的,属于静态博弈;而棋牌类游戏等决策或行动有先后次序的,属于动态博弈。

按照一位参与人对其他参与人的了解程度,博弈可分为完全信息博弈和不完全信息博弈。完全信息博弈是指在博弈过程中,每一位参与人对其他参与人的特征、策略空间及收益函数有准确的信息。不完全信息博弈是指如果参与人对其他参与人的特征、策略空间及收益函数信息了解得不够准确,或者不是对所有参与人的特征、策略空间及收益函数都有准确的信息,在这种情况下进行的博弈就是不完全信息博弈。

目前,经济学家们所谈的博弈论一般是指非合作博弈,由于合作博弈论比非合作博弈论复杂,在理论上的成熟度远远不如非合作博弈论。非合作博弈又分为完全信息静态博弈、完全信息动态博弈、不完全信息静态博弈、不完全信息动态博弈。与上述四种博弈相对应的均衡概念为纳什均衡、子博弈精练纳什均衡、贝叶斯纳什均衡、精练贝叶斯纳什均衡。

博弈还有很多分类,比如,依据博弈进行的次数或者持续时间长短,博弈可分为有限博弈和无限博弈;依据表现形式,博弈可分为一般型(战略型)博弈或者展开型博弈等。

五、博弈论分析

1. 囚徒困境博弈

博弈论毕竟是数学,更确切地说,是运筹学的一个分支,谈经论道时自然少不了数学语言,但外行人看来只是一大堆数学公式,好在博弈论关心的是日常经济生活问题,所以不能不食人间烟火,其实这一理论是从棋弈、扑克和战争等带有竞赛、对抗和决策性质的问题中借用的术语,听上去有点玄奥,实际上却具有重要的现实意义。博弈论大师看经济社会问题犹如棋局,常常寓深刻道理于游戏之中,所以,我们多从日常生活中的凡人小事入手,以身边的故事为例,娓娓道来,并不乏味。

在博弈论中,含有占优战略均衡的一个著名例子是由塔克提出的"囚徒困境博弈模型"。

案例3 囚徒困境博弈模型。

有一天,一位富翁在家中被杀,财物被盗。警方在此案的侦破过程中,抓到两个犯罪嫌疑人,他们是斯卡尔菲丝和那库尔斯,并从他们的住处搜出被害人家中丢失的财物,但是,他们矢口否认曾杀过人,辩称是先发现富翁被杀,然后只是顺手牵羊偷了点儿东西,于是警方将两人隔离,分别关在不同的房间进行审讯,由地方检察官分别和每个人单独谈话。

检察官说,"由于你们的偷盗罪已有确凿的证据,所以可以判你们2年刑期,但是,我可以和你做个交易,如果你单独坦白杀人的罪行,我只判你1年的监禁,但你的同伙要被判5年刑。如果你拒不坦白,而被同伙检举,那么你将被判5年刑,你的同伙只判1年的监禁,但是,如果你们两人都坦白交代,那么,你们都要被判3年刑。"斯卡尔菲丝和那库尔斯该怎么办呢?

根据检察官的叙述,可以发现:

(1)如斯卡尔菲丝和那库尔斯都坦白,则两人将分别被判处3年有期徒刑。

(2)如斯卡尔菲丝坦白、那库尔斯不坦白,则斯卡尔菲丝被判1年、那库尔斯被判5年有期徒刑。

(3)如斯卡尔菲丝不坦白、那库尔斯坦白,则斯卡尔菲丝被判5年、那库尔斯被判1年有期徒刑。

(4)如斯卡尔菲丝、那库尔斯均不坦白,则两人将分别被判处2年有期徒刑。

他们面临着两难的选择——坦白或抵赖。显然最好的策略是双方都不坦白,结果是大

科学思维能力训练

家都只被判 2 年有期徒刑。但是由于两人处于隔离的情况下无法串供。所以,按照亚当·斯密的理论,每个人都是从利己的目的出发,他们选择坦白交代是最佳策略。因为坦白交代可以得到 1 年监禁,但前提是同伙不坦白,显然要比自己不坦白坐 5 年牢好。不仅如此,坦白还有更多好处,如果对方坦白了而自己不坦白,那自己就得坐 5 年牢。太不划算了!因此,在这种情况下还是应该选择坦白交代,即使两人同时坦白,至多也只判 3 年,总比被判 5 年好,所以,两人合理的选择是坦白,原本对双方都有利的策略(不坦白)和结局(被判 2 年有期徒刑)就不会出现。由上述条件,我们可以给出两个人的支付矩阵,见表 9-1。

表 9-1 斯卡尔菲丝和那库尔斯的支付矩阵

	那库尔斯不坦白	那库尔斯坦白
斯卡尔菲丝不坦白	2,2	5,1
斯卡尔菲丝坦白	1,5	3,3

观察支付矩阵,不难发现:对斯卡尔菲丝而言,不管那库尔斯选择坦白还是不坦白,斯卡尔菲丝的最优策略都是坦白;对那库尔斯而言,不管斯卡尔菲丝选择坦白还是不坦白,那库尔斯的最优策略都是坦白徒刑。

所以,对于独立决策的两个人的结果:斯卡尔菲丝、那库尔斯都选择坦白,分别被判处 3 年有期徒刑。

这样两个人都选择坦白的策略以及因此被判 3 年有期徒刑的结局被称为"纳什均衡",也叫非合作均衡,因为,每一方在选择策略时都没有"共谋"(串供),他们只选择对自己最有利的策略,而不考虑社会福利或任何其他对手的利益,也就是说这种策略组合由所有局中人(也称当事人、参与者)的最佳策略组合构成,没有人会主动改变自己的策略以使别人获得更大利益。"囚徒的两难选择"有着广泛而深刻的意义,个人理性与集体理性的冲突,个人追求利己行为而导致的最终结局是一个"纳什均衡",也是对所有人都不利的结局。他们两人都是在坦白与不坦白策略上首先想到自己,这样便使他们服长的刑期。只有当他们都首先替对方着想时,或者相互合谋(串供)时,才可以得到最短时间的监禁结果。"纳什均衡"首先对亚当·斯密的"看不见的手"的原理提出挑战,按照斯密的理论,在市场经济中,每个人都从利己的目的出发,最终全社会能够达到利他的效果。

"囚徒困境"反映了个人理性和集体理性的冲突——以自己的最大利益为目标,结果是无法实现团体最大利益;它揭示了个体理性本身的内在矛盾——从个体利益出发的行为最终也不一定能真正实现个体的最大利益,"囚徒困境"是两个被捕的囚徒之间的一种特殊博弈,说明即使在合作对双方都有利时,保持合作有时也是困难的。

【案例分享】

利用"囚徒困境"压低供应价格

假设你的公司正在决定向两家供应商采购 100 万只配件,每只成本 6 元,如果你向两家各订购 50 万只,则按惯例,他们就会把价格定为每只 10 元,这样,每个供应商将获利 200 万元,而你需要支出 100 万元,但可以宣布一个政策,以使在两家供商之间制造出"囚徒困境",

从而给自己带来好处。

我们不妨重温一下亚当·斯密在《国富论》中的名言："通过追求（个人的）自身利益，他常常会比其实际上想做的那样更有效地促进社会利益。"从"纳什均衡"我们引出了"看不见的手"的原理的一个悖论：从利己目的出发，结果损人不利己，既不利己也不利他。两个囚徒的命运就是如此。从这个意义上说，"纳什均衡"提出的悖论实际上动摇了西方经济学的基石。因此，从"纳什均衡"中我们还可以悟出一条真理：合作是有利的"利己策略"。但它必须符合以下定律：按照你希望别人对你的方式来对别人，但只有他们也按同样方式行事才行。也就是中国人说的"己所不欲，勿施于人"，但前提是人所不欲，勿施于我。其次，"纳什均衡"是一种非合作博弈均衡，在现实中非合作的情况要比合作情况普遍。所以"纳什均衡"是对冯·诺依曼的合作博弈理论的重大发展，甚至可以说是一场革命。从"纳什均衡"的普遍意义中我们可以深刻领悟司空见惯的经济、社会、政治、国防、管理和日常生活中的博弈现象，我们将列举出许多类似于"囚徒的两难处境"的例子，如价格战博弈、军备竞赛博弈、污染博弈等。

2. 智猪博弈

"智猪博弈"讲的是：猪圈里有两头猪，一头大猪，一头小猪，猪圈的一边有个踏板，每踩一下踏板，在远离踏板的猪圈另一边的投食口就会落下少量的食物，如果一只猪去踩踏板，另一只猪就有机会抢先吃到另一边落下的食物，当小猪踩动踏板时，大猪会在小猪跑到食槽之前刚好吃光所有食物；如果是大猪踩动了踏板，则还有机会在小猪吃完落下的食物之前跑到食槽，争到另一半残羹。

那么，两只猪各自会采取什么策略呢？答案是：小猪将选择"搭便车"策略，也就是舒舒服服地等在食槽边；而大猪则为一点残羹不知疲倦地奔忙于踏板和食槽之间。

原因何在？因为，小猪踩踏板将一无所获，不踩踏板反而能吃到食物。对小猪来说，无论大猪是否踩动踏板，不去踩踏板对它都是最好的选择。反观大猪，明知小猪是不会去踩动踏板的，自己主动去踩踏板比不踩好，所以只好亲力亲为。

"小猪躺着大猪跑"的现象是由于故事中的游戏规则所导致的。规则的核心指标是每次落下的食物数量和踏板与投食口之间的距离。

如果改变一下核心指标，猪圈里还会出现"小猪躺着大猪跑"的现象吗？

（1）改变方案一：减量方案。仅投食原来一半的分量，结果小猪大猪都不去踩踏板了，小猪去踩，大猪将会把食物吃完；大猪去踩，小猪也会把食物吃完。谁去踩踏板，就意味着为对方贡献食物，所以谁都没有踩踏板的动力了，如果游戏的目的是想让大猪、小猪去多踩踏板，这个游戏规则的设计显然是失败的。

（2）改变方案二：增量方案。投食量为原来的一倍，结果小猪、大猪都会去踩踏板。谁想吃，谁就会去踩踏板，反正对方不会一次把食物吃完。小猪和大猪相当于生活在物质相对丰富的社会，所以竞争意识不是很强。

对于游戏规则的设计者来说，这个规则的成本相当高（每次提供双份的食物）；而且因为竞争不激烈，想让大猪和小猪去多踩踏板的效果并不好。

（3）改变方案三：减量加移位方案。投食量仅为原来的一半，同时将投食口移到踏板附近，结果小猪和大猪都拼命地抢踩踏板，等待者不得食，多劳者多得，每次的收获刚好消费完,对于游戏设计者而言,这是一个最好的方案,成本不高,但收获最大。

原版的"智猪博弈"故事给了竞争中的弱者(小猪)以等待为最佳策略的启发,但是对于社会而言,因为小猪未能参与竞争,小猪搭便车时的社会资源配置并不是最佳状态。为使资源最有效配置,规则的设计者是不愿看见有人搭便车的,政府如此,公司老板也是如此,而能否完全杜绝"搭便车"现象,取决于游戏规则的核心指标设置是否合适。

以公司的激励制度设计为例,如果奖励力度太大,员工又是持股又是期权,公司职员几乎个个都成了"富翁",虽然成本高,但是员工的积极性并不一定高,这相当于"智猪博弈"。

六、利用支付矩阵工具选择博弈策略,并寻找纳什均衡

1. 成绩博弈

成绩博弈游戏规则:在不被你同桌看到的情况下,在方框中填写字母 A 或者字母 B,把这看作成绩的赌注,我会随机把你们分成两两一组,你们不知道会跟谁分到一组,按如下方法给出你们的成绩:如果你选 A,而你对手选 B,那么你得优秀,你对手得不及格;如果你们都选 A,那么你们都得及格;如果你选 B,而你对手选 A,那么你得不及格,你对手得优秀;如果你们都选 B,那么你们都得良好。那么,你将如何作出选择?

通过规则叙述,可以列出支付矩阵,见表 9-2。

表 9-2 成绩博弈策略支付矩阵

	A	B
A	0,0	3,−1
B	−1,3	1,1

无论别人怎么选,如果选 A 得到的结果严格优于 B,那么 A 相对于 B 是个严格优势策略。所以大多数人会选择 A。

2. 企业广告

企业竞争而产生的广告资源浪费也是典型例子。例如两家企业竞争,经理们可选择的策略是"多做广告"和"少做广告",各种策略组合的盈利矩阵如表 9-3 所示。

表 9-3 "多做广告"和"少做广告"的盈利矩阵

	少做广告	多做广告
少做广告	30,30	10,40
多做广告	40,10	20,20

企业 1 最优反映的是多做广告,企业 2 最优反映的也是多做广告,因此(多做广告,多做广告)是一个纳什均衡,这个纳什均衡的结果是大量资源消耗在广告上。

3. 政府出资建设公共设施

为什么政府要负责修建公共设施,因为私人没有积极性出资修建公共设施。

假设有两户相居为邻的农家居民,需要修建一条道路从居住地通往公路。修一条路的

成本为4,每个农家从修好的路上获得的好处为3。如果两户居民共同出资修路,并平均分摊修路成本,则每户居民获得的好处(支付)为3－4/2=1;当只有一户人家单独出资修路时,修路的居民获得的支付为3－4=－1(亏损),"搭便车"不出资但仍然可以使用公路的另一户居民获得支付3－0=3,见表9-4。

表9-4　修建公共设施支付矩阵

	修	不修
修	1,1	－1,3
不修	3,－1	0,0

对甲和乙两家居民来说,"修路"都是劣战略,因而他们都不会出资修路。这里,为了解决这条新路的建设问题,需要政府强制性地分别向每家征税2单位,然后投入4单位资金修好这条对大家都有好处的路,并使两户居民的生活水平都得到改善。这就是大多数路、桥等公共设施都是由政府出资修建的原因。同样的道理,国防、教育、社会保障、环境卫生等都由政府承担资金投入。

4. 城市中心道路禁止汽车鸣笛

禁止鸣笛一方面是为了减少城市噪声污染,另一方面是基于以下的博弈论原因,见表9-5。当汽车司机鸣笛时,可能为汽车超速抢行提供条件。但当大家都抢行时,城市交通拥挤加重,反而都难以顺利通行,获得低支付(2,2)。但当对方缓行时,自己抢行会占便宜,获得支付9。

表9-5　禁止鸣笛支付矩阵

	缓行	抢行
缓行	8,8	1,9
抢行	9,1	2,2

这个博弈中,"缓行"是劣战略,剔除后得到"剔除劣战略后的占优战略均衡"(抢行,抢行),这不是一个好的均衡。当禁止鸣笛时,司机为了避免造成交通事故,只得缓行,从而得到好的结果(缓行,缓行)。

【思维训练】

1. 猪圈里有一头大猪和一头小猪,猪圈的一头有一个饲料槽,另一头有控制饲料供应的按钮。按一下按钮就会有10个单位饲料进槽,但接饲料要付出2个单位的成本,谁去按按钮则谁后到;都去按则同时到,若大猪先到,大猪吃到9个单位,小猪吃到1个单位;若同时到,大猪吃到7个单位,小猪吃到3个单位;若小猪先到,大猪吃到6个单位,小猪吃到4个单位。各种情况组合扣除成本后的支付矩阵可见表9-6(每格一个数字是大猪的得益,第二个数字是小猪的得益),分析并求纳什均衡。

科学思维能力训练

表 9-6　不同组合扣除成本后的支付矩阵

		小猪	
		按按钮	等待
大猪	按按钮	5,1	4,4
	等待	9,−1	0,0

2. A、B两企业利用广告进行竞争。若A、B两企业都做广告,在未来销售中,A企业可以获得20万元利润,B企业可获得8万元利润;若A企业做广告,B企业不做广告,A企业可获得25万元利润,B企业可获得2万元利润;若A企业不做广告,B企业做广告,A企业可获得10万元利润,B企业可获得12万元利润;若A、B两企业都不做广告,A企业可获得30万元利润,B企业可获得6万元利润。

(1) 画出A、B两企业的支付矩阵(参照第1题表)。

(2) 求纳什均衡时的双方策略结果。

任务 10　博弈论的简单应用

【任务要求】

本任务主要通过博弈论的典型例题分析,让大家充分了解博弈论的用途,并希望大家能学以致用。最后用一个关于博弈论的小寓言"猎狗的故事",让大家收获更多有用的知识。

【任务内容】

案例 1　五个聪明的学生按从后到前 A、B、C、D、E 的顺序在台阶上前后坐成一列,后面的同学能看到前面的同学,前面的同学则看不到后面的同学。

老师说:"我这里有 5 顶红帽子,4 顶白帽子,要给你们每人戴上一顶,每个人都看不到自己所戴帽子的颜色。"

戴完后,老师问:"有人知道自己头上帽子的颜色吗?"

无人回答。

老师又问:"现在有人知道了吗?"此时有一个人说:"我知道了。"

请问这个人是谁?他戴着什么颜色的帽子?

解析: 博弈论应用的前提就是参与博弈的参与者必须都足够聪明,能够推算出博弈参与者的想法,这样才能进一步分析。

按照从后往前的顺序,A 是知道信息最多的人,第一次老师询问后,A、B、C、D、E 五个人没有一个人回答,所以由此可以推出,B～E 肯定不是戴的四项白帽子,否则 A 立刻可以回答自己戴白色帽子;所以 B～E 要么戴四顶红帽子,要么戴四顶有红有白的帽子,所以第一次老师问的时候,A 猜不出自己帽子的颜色就没有办法回答。

老师第二次询问后,有的同学作出回答。这个时候排除 A,B 是掌握信息最多的人,所以第二次回答肯定是 B,C～E 如果戴的全是红色的帽子,这时 B 猜不出自己帽子的颜色;C～E 如果戴的全是白颜色的帽子,那么这时 B～E 戴的是四顶有红有白的帽子,A 回答不出来自己的帽子颜色,B 因为 C～E 如果戴的全是白颜色的帽子,A 却没有回答,从而猜出自己头上戴的是红色帽子。

案例 2　5 个海盗抢到了 100 枚金币,每枚金币都一样的大小和价值连城。

他们决定按照如下的方案分配。

(1) 抽签决定自己的顺序号码。

(2) 首先,由 1 号提出分配方案,然后大家进行表决,当且仅当超过半数的人同意时,按照他的提案进行分配,否则将被扔入大海喂鲨鱼。

科学思维能力训练

(3) 1号死后,再由2号提出分配方案,然后剩余4人进行表决,当且仅当超过半数的人同意时,按照他的提案进行分配,否则将被扔入大海喂鲨鱼。

(4) 以此类推。

条件:每个海盗都是足够聪明的人,都能很理智地判断得失,从而做出选择。

问题:第一个海盗提出怎样的分配方案才能使自己免于下海并获得最多的金币呢?

解析:1号海盗分给3号1枚金币,4号或5号2枚金币,自己则独得97枚金币,即分配方案为(97,0,1,2,0)或(97,0,1,0,2)。

因为每个海盗都足够聪明,都会互相猜测对方取得的金币数量:首先从5号海盗开始,因为他是最安全的,没有被扔下大海的风险,因此,他的策略也最为简单,即最好前面的人全都死光光,那么他就可以独吞这100枚金币了。

接下来看4号,他的生存机会完全取决于前面还有人存活着,因为如果1号到3号的海盗全都喂了鲨鱼,那么在只剩4号和5号的情况下,不管4号海盗提出怎样的分配方案,5号一定会投反对票让4号去喂鲨鱼,以独吞全部金币。哪怕4号为了保命而讨好5号,提出(0,100)这样的方案让5号独占金币,但是5号还有可能觉得留着4号有危险,而投票反对以让其喂鲨鱼。因此,理性的4号是不应该冒这样的风险,把存活的希望寄托在5号的随机选择上的,他唯有支持3号才能绝对保证自身的性命。

再来看3号,他经过上述的逻辑推理之后,就会提出(100,0,0)这样的分配方案,因为他知道4号哪怕一无所获,也还是会无条件地支持他而投赞成票的,那么再加上自己的1票就可以使他稳获这100枚金币了。

但是,2号也经过推理得知了3号的分配方案,那么他就会提出(98,0,1,1)的方案。因为这个方案相对于3号的分配方案,4号和5号海盗至少可以获得1枚金币,理性的4号和5号海盗自然会觉得此方案对他们来说更有利而支持2号,不希望2号出局而由3号来进行分配。这样,2号就可以开开心心地拿走98枚金币了。不幸的是,1号海盗更不是省油的灯,经过一番推理之后也洞悉了2号的分配方案。他将采取的策略是放弃2号,而给3号1枚金币,同时给4号或5号2枚金币,即提出(97,0,1,2,0)或(97,0,1,0,2)的分配方案。由于1号的分配方案对于3号与4号或5号来说,相比2号的方案可以获得更多的利益,那么他们将会投票支持1号,再加上1号自身的1票,97枚金币就可轻松落入1号的腰包。

案例3 猎人与猎狗的故事(精彩的人生定位和博弈论)。

(1) 目标。

一条猎狗将兔子赶出了窝,一直追赶它,追了很久仍没有捉到(见图10-1)。牧羊看到此种情景,讥笑猎狗说:"你们两个之间小的反而跑得快得多。"猎狗回答说:"你不知道,我们两个跑的目的是完全不同的!我仅仅为了一顿饭而跑,它却是为了性命在跑呀!"

(2) 动力。

这句话被猎人听到了,猎人想:"猎狗说得对啊,我想得到更多的猎物,得想个好法子。"于是,猎人又买来几条猎狗,凡是能够在打猎中捉到兔子的,就可以得到几根骨头,捉不到的就没有饭吃。这一招果然有用,猎狗们纷纷去努力追兔子,因为谁都不愿意看着别人有骨头

任务 10　博弈论的简单应用

图　10-1

吃,自己却没有。就这样过了一段时间,问题又出现了。大兔子非常难捉到,小兔子好捉。但捉到大兔子得到的奖赏和捉到小兔子得到的骨头差不多,猎狗们善于观察,发现了这个窍门,专门去捉小兔子。慢慢地,大家都发现了这个窍门。猎人对猎狗说:"最近你们捉的兔子越来越小了,为什么?"猎狗们说:"反正没有什么大的区别,为什么费那么大的劲去捉那些大的呢?"(见图10-2)

图　10-2

(3) 长期的骨头。

猎人经过思考后,决定不将分得骨头的数量与是否捉到兔子挂钩,而是采用每过一段时间,就统计一次猎狗捉到兔子的总重量的方法。按照重量来评价猎狗,决定其在一段时间内的待遇。于是猎狗们捉到兔子的数量和重量都增加了。猎人很开心。但是过了一段时间,猎人发现,猎狗们捕捉兔子的数量又少了,而且越有经验的猎狗,捉兔子的数量下降得就越快。于是猎人又去问猎狗。猎狗说:"我们把最好的时间都奉献给了您,主人,但是我们随着时间的推移会变老,当我们捉不到兔子的时候,您还会给我们骨头吃吗?"

(4) 骨头与肉兼而有之。

猎人做了论功行赏的决定。分析与汇总了所有猎狗捉到兔子的数量与重量,规定如果捉到的兔子超过一定数量后,即使捉不到兔子,每顿饭也可以得到一定数量的骨头。猎狗们都很高兴,大家都努力去达到猎人规定的数量。一段时间过后,终于有一些猎狗达到了猎人规定的数量。这时,有一只猎狗说:"我们这么努力,只得到几根骨头,而我们捉的猎物远远超过了这几根骨头,我们为什么不给自己捉兔子呢?"于是,有些猎狗离开了猎人,自己捉兔子去了。

(5) 有权分享。

猎人意识到猎狗正在流失,并且那些流失的猎狗像野狗一般和自己的猎狗抢兔子。情况变得越来越糟,猎人不得已引诱了一条野狗,问它到底野狗比猎狗强在哪里。野狗说:"猎狗吃的是骨头,吐出来的是肉啊!"接着又道:"也不是所有的野狗都顿顿有肉吃,大部分最后骨头都舔不到! 不然也不至于被你诱惑。"于是猎人进行了改革,使得每条猎狗除基本骨头外,可获得其所猎兔肉总量的 $n\%$,而且随着服务时间加长,贡献变大,该比例还可递增,并有权分享猎人所获总兔肉的 $m\%$。就这样,猎狗们与猎人一起努力,将野狗们逼得叫苦连天,纷纷强烈要求重归猎狗队伍。

(6) 故事还在继续。

只有永远的利益,没有永远的朋友。日子一天一天地过去,冬天到了,兔子越来越少,猎人们的收成也一天不如一天。而那些服务时间长的老猎狗老得捉不到兔子,但仍然在无忧无虑地享受着那些它们自以为应得的大份食物。终于有一天,猎人再也不能忍受,把它们扫地出门,因为猎人更需要身强力壮的猎狗……

(7) 骨头公司的诞生。

被扫地出门的老猎狗们得到了一笔不菲的赔偿金,于是它们成立了 Micro Bone 公司。它们采用连锁加盟的方式招募野狗,向野狗们传授猎兔的技巧,它们从猎得的兔子中抽取一部分作为管理费。当赔偿金几乎全部用于广告后,它们终于有了足够多的野狗加盟。公司开始赢利。一年后,它们收购了猎人的家当。

(8) 骨头公司的发展。

Micro Bone 公司许诺给加盟的野狗 $n\%$ 的公司股份。这实在太有诱惑力了。这些自认为怀才不遇的野狗们都以为找到了知音:终于做公司的主人了,不用再忍受猎人们呼来唤去的不快,不用再为捉到足够多的兔子而累死累活,也不用眼巴巴地乞求猎人多给两根骨头而扮得楚楚可怜。这一切对这些野狗来说,比多吃两根骨头更加受用。于是野狗们拖家带口地加入了 Micro Bone,一些在猎人门下的年轻猎狗也开始蠢蠢欲动,甚至很多自以为聪明实际愚蠢的猎人也想加入。好多同类型的公司像雨后春笋般地成立了,Bone Ease,Bone.com,10 China Bone……一时间,森林里热闹起来。

(9) 明星的诞生。

猎人凭借出售公司的钱走上了老猎狗走过的路,最后千辛万苦地要与 Micro Bone 公司谈判的时候,老猎狗出人意料地答应了猎人,把 Micro Bone 公司卖给了他。老猎狗们从此不再经营公司,转而开始写自传《老猎狗的一生》,又写《如何成为出色的猎狗》《如何从一只普通猎狗成为一只管理层的猎狗》《猎狗成功秘诀》《成功猎狗500条》《穷猎狗,富猎狗》,并将老猎狗的故事搬上屏幕,取名《猎狗花园》,3只老猎狗成了家喻户晓的明星。收版权费,没有风险,利润更高。

这虽然只是个寓言,但它却揭示了很深的道理。从博弈论角度考虑,博弈的参与者虽然是猎人和狗,事实是企业与员工,自我利益是员工最强烈的动机,也是每个员工最注重的。要想让员工心甘情愿地服从,必须将企业的利益与每个员工的切身利益结合起来。企业在制定政策时,既要考虑企业的利益,又要站在员工的立场来考虑。在日常管理中,既要求员工工作,同时也要为他们争取利益,并且关心他们的实际生活。具体地讲,从《猎人和狗》的故事中,笔者认为应得到以下几方面的启示。

1. 人力资源是企业发展的关键,企业发展的不同阶段需要不同的人力资源管理方式

故事中猎人在四个不同阶段对猎狗分别采取了四种不同的管理方式,即初期,实行了"大锅饭式"的简单激励;中前期,实现了"短期业绩考核"的差别激励方式;中后期,采取了"长期业绩考核"的激励方式;后期,采取了"兼顾双方长期利益"的阶梯式股份制激励方式。而且每种方式分别取得了不同的激励效果。试想,如果猎人不及时调整自己的管理方式,猎狗还会继续为他服务吗?在企业的人力资源管理中,同样存在上述问题。企业要持续发展,必须有适应企业发展的人力资源管理制度。在企业发展的不同阶段,需要有不同的人力资源制度与其相适应。

2. 建立有效的激励机制是人力资源管理的核心

按照马斯洛的需求层次理论,人的需求由低到高可分为生理、安全、社会、自尊和自我实现五个层次,而且其需求是从低层向高层逐步转化的。有效的激励就是让员工持续表现出应有的工作水准,只有与他们需求相适应的激励方式,才能达到这一目的。故事中猎人正是很好地应用了这一原理,不断地根据猎狗期望值的变化而调整激励机制,从而既达到了自己的目的,即收获的兔子越来越多,又满足了猎狗不断变化的需求,最终实现了自己和猎狗的"双赢"。在企业管理中,建立有效的激励机制,不仅是调动员工积极性的手段,也是人力资源管理的核心。那么,建立有效的激励机制需要考虑哪些因素呢?

(1)激励机制必须适应企业发展的需要。企业发展的不同阶段需要不同的激励方式。

(2)激励机制必须适合企业人力资源的特性。不同的管理对象需要采取不同的激励方式。

(3)激励机制要具有一定的前瞻性,能及早预见问题。在日常人力资源管理中要有危机意识。

(4)注重沟通和检查,不断改进激励机制。在日常管理中注重沟通,及时了解员工对现行机制的满意度,并根据反馈意见调整激励机制。

(5)考虑外部环境的变化,结合企业战略发展需要。制定激励机制不仅要考虑企业内部的情况,而且要考虑外部环境的变化;不仅要考虑当前的利益,而且要考虑企业长期的战略需要。力求做到对内公平,对外有竞争力。

3. 在激烈的人才竞争环境下，能够吸引和留住知识型人才，是企业成功的关键

从社会发展的角度来说，社会经济大概经历了农业、工业和知识经济三个时代。在农业时代，土地和自然资源是创造财富的源泉，谁拥有的土地最多，谁就最富有；而工业时代，资本是创造财富的源泉，谁拥有的资本最多，谁就最富有；而在知识经济时代，创造财富不仅仅靠资本，更要靠知识。如果没有知识，一个决策失误，可能会使你的财富一夜之间消失，甚至负债累累。现在，社会正处于知识经济时代，并不是每个企业的老板都拥有足够的知识，而且，即使你拥有相关的知识，你的精力也是有限的。知识经济时代的特点是：顾客占上风，竞争在加剧，变化是常事。在这样的环境条件下，能否拥有一批德才兼备的知识型人才，是企业成功与否的关键。那么，企业通过哪些方式来吸引人才、留住人才呢？这也是现代企业人力资源管理的重要课题。对此，笔者认为有必要从以下几个方面与大家进行一些探讨。

（1）制定合理的薪酬体系，满足员工最基本的需求。获取工资报酬是员工最基本的需求，合理的薪酬体系不仅能满足员工的基本需要，也是确保企业正常发展的基础。

（2）营造良好的企业文化，建立有利于人才成长的机制。中国有句俗话，"家有梧桐树，自有凤凰来"。对企业而言，人才就是凤凰，而梧桐树又是什么呢？就是企业的制度和文化。只有良好的企业文化，才能吸引人才、培养人才、用好人才、留住人才。如果没有好的制度和文化，不仅无法吸引人才，现有的人才也会流失。

（3）完善绩效考评体系，调动各阶层人员的积极性。完善的绩效考评体系不仅能提高各阶层人员的满意度，更是调动员工积极性的润滑剂。确定考评标准不仅是绩效考评的起点，也是考评是否有效的关键，因此，企业在制定考评标准时一定要注意上述第二点所列的事项。

（4）完善培训体系，将员工的职业发展规划与企业战略规划相结合。企业不仅要吸引人才、留住人才，更应学会培养人才、用好人才。"把人才用废是一种罪过"，此话深刻地揭示了许多企业在人力资源管理方面存在的弊端。它包含两个方面内容：其一，企业没有合理使用人才，把人才放在不能发挥其特长的岗位上；其二，只使用人才，但不对他们进行再培训，最后使其落伍，甚至淘汰。特别是第二种现象，在中国的许多企业，包括我们的加盟店普遍存在。对此，应引起企业老板和高层决策者的高度重视。解决这一问题的唯一途径就是：将人才培养纳入企业的发展战略，不断完善自己的培训体系，并将员工个人的发展目标，特别是中高层管理者的职业发展规划与企业的战略规划相结合。只有这样，企业才能够吸引人才、留住人才，特别是培养人才、用好人才。

（5）合理分配资源，改进企业收益分配方式。既然知识是创造财富的重要因素，那么，知识工作者，特别是企业的高层管理者参与企业的收益分配也就成为自然。知识工作者参与企业收益分配的形式是多种多样的，而且在企业发展的不同阶段，其参与分配的方式也有所不同。例如，起始阶段的单一工资报酬；中前期的工资＋奖金；中后期的工资＋提成；后期的工资＋股份。《猎人和狗》的寓言故事就是一个最好的例证，这也是许多国际知名大公司实行员工持股制度的重要原因。我们经常听到某企业总裁的报酬是年薪数十万,甚至数百万,并不是企业直接为其支付这么多的工资,而是除工资以外,还包括通过股权所获得的利润分配。

4. 企业用人应坚持"德才兼备,以德为先"的原则

企业用人应坚持"德才兼备,以德为先"的原则,具体地讲,应该按以下四种情况分别对待:德才兼备,提拔重用;有德无才,培养使用;无德无才,自然淘汰;有才无德,坚决不用。

任务 11 突破思维定势

【任务要求】

通过本次任务的学习,学生能够掌握突破思维定势的方法,在将来的学习、生活、工作中如果遇到困难能够敢于打破思维定势的干扰,用创新思维来解决实际困难。

【任务内容】

科学思维是一门科学。它不仅要求更新观念、树立强烈的创新意识,还要求能熟练掌握和运用科学的思维方法。如果方法正确,就可以为科学的思维奠定成功的基础。美国麻省理工学院阿诺教授说过:"曾经接受独创性科学性思维能力训练的人,要比从未接受训练的人有更多推出富有价值的革新的机会。"因此,同学们必须十分重视对科学思维方法的训练,把它作为一项必不可少的基础训练。要制订切实可行的训练计划,做到循序渐进打好基础。

心理学家认为,科学的思维能力是个人的认识能力、工作态度和个性特征的综合能力,是理解事物复杂性的能力,以及在解决问题时能够给出科学办法、打破束缚寻求新规则的能力。科学思维中,创新思维能力是创新力的中心,它的产生是人的左脑和右脑同时作用和默契配合的结果。创新思维具有流畅性、灵活性、独创性、精细性和知觉性等特征,它的思维方法包括发散性思维、质疑性思维、逆向思维、直觉思维、灵感思维、横向思维等。

虽然人人都能够完成科学思维的思索,但是有的人在工作中表现平平,有的人却在工作中硕果累累,他们在思维上有什么不同呢?关键在于后者具有创新思维能力,其创新程度越高,成就也就越大。创新思维是人类在探索未知领域过程中能够打破常规、积极向上,寻求获得新成果的思维活动,创新思维是人类思维活动的精髓,从定义可以看出,创新的特征是运用独特的方法,积极主动解决问题的思维活动。

【训练活动】

(1)用5根等长的火柴棒摆出两个等边三角形很容易。如果再给你一根相同的火柴,你能再多摆出一个等边三角形吗?

(2)有三个著名演员应邀到一个剧场演出,他们向剧场经理提出相同的要求,即在海报上把自己的名字排在最前面,否则他们将退出演出,那么剧场经理该怎么办?

(3)有一只不规则的透明玻璃杯,上面只有5L和10L两个刻度,而里面却装了8L的强酸。现在需要准确地得到5L强酸,不用其他量具你有什么办法量出?

(4)共栽九棵树,要求成十行,行行要三棵,这个任务如何完成?

任务 11　突破思维定势

（5）若要把十棵树栽成五行，要求每行四棵，你有什么办法？

（6）有四个相同的瓶子，怎样摆放才能使其中任意两个瓶口的距离都相等？

这些问题都是非常规思路可以解决的，而且没有唯一标准答案，只要符合要求并且可行就是有道理的。

思维定势是心理活动的一种准备状态，是过去的感知影响当前的感知，人们由于受固有知识结构和过去经验的影响，容易产生以相同的方式来认识事物或解决问题的倾向，称为思维定势，这是人们从事某项活动的一种预先准备的心理状态，它能影响后继活动的趋势程度和方式。构成思维定势的因素主要是认知的固定倾向，人一旦形成了思维定势，就会习惯地顺着定势的思维思考问题，不愿也不会转个方向、换个角度想问题，这是很多人的难治之症。先前形成的知识、经验、习惯等，都会使人们形成认知的固定倾向，从而影响对事物的分析、判断以及做事情的方法，这就是思维定势对我们的束缚。认识的固定倾向是一种习惯，而习惯却是一种因循式的思维形式，在一个问题上形成了思维定势，时间越长，重复次数越多，它对人的创新力的束缚就越强，要摆脱和突破它的束缚也就越困难，若想提高我们的创新能力，就必须从突破思维定势开始。那么在创新过程中，如何既不为所学的知识困扰，又能灵活地运用所学的知识呢？首先，我们可以尝试跨出自己的所学专业，以一个外行人的身份来分析和研究创新对象。随着近代科技的迅速发展，专业的划分越来越细，知识的交叉现象也越来越多，一个人如果仅仅局限于自己的专业，眼界将会过于狭隘，从而会束缚创新思维的发挥。我们经常会看到这样的现象，对某些专业领域的创新并不是资深的专业人士，而是那些出色的新手，或者是那些从其他专业转行过来的人，许多人直到中年才转换专业方向，却依然能够在新的领域做出突出成就。

思维定势是来自心理学研究的心理定势。心理定势这种心理现象，最早是德国心理学家穆勒和舒曼在 1889 年提出的。他们提出，在人的意识中出现过的观念，有一种在意识中再重复出现的趋势。他们曾经通过大量的实验来证明心理定势的存在。比如，一个人连续 10～15 次手里拿着两个质量不等的球，然后让他拿两个质量完全相等的球，他也会感知为质量不相等。心理学上一般把心理定势解释为"是过去的感知影响当前的感知"。思维现象也属于心理现象，思维现象是心理现象的高级形式。思维定势也可以解释为"是过去的思维影响现在的思维"。

能够打破常规，运用独特的方法提出问题和解决问题，这就是创新思维的非常规性，是创新思维最显著的一个特征。"非常规性思维"，顾名思义，就是不合逻辑的思维方式和违反常规解决问题的方法，是一种更多地依靠非逻辑思维、打破常规、另辟蹊径的思维活动。创新思维除具有非常规性外，还具有积极主动性。积极主动性显然是对创新者所提出的要求，要创造新的事物、新的方法，就必须具有积极主动和不断进取的心态，否则就不能"思人之所未思"，去创新地解决问题。而且在创新过程中，困难重重，更需要创新者以大无畏的精神全身心地投入，去敏锐观察、发挥想象、活跃灵感、标新立异，把一个人全部的积极心理品质都调动起来。

思维定势有以下几种：习惯型思维障碍、书本型思维障碍、权威型思维障碍、从众型思维障碍等。学生要养成敢于打破思维定势的习惯，可以从以下几个方向进行训练。

科学思维能力训练

一、习惯型思维定势的突破

发现问题、研究问题、解决问题往往都是凭借原有的思维活动路径（即思维定势）进行思维。人们认识未知、解决未知，都是以已知或已知的组合、变换为阶梯。要想提高思维能力，就要突破原来的思维定势，更新原来的思维模式，优化、深化思维的品质。

（1）突破时空的狭隘性。

（2）突破经验的主体狭隘性。

（3）对偶然性问题应多加考虑。

【训练活动】

（1）请在头脑中想一想：你面前有一张纸，很大很大的正方形普通打字纸。把它从正中折叠一次，纸的面积减小一半，而厚度则增加一倍。然后从中折叠第二次，纸的面积又减小一半，而厚度又增加一倍。如此循环下去，一直折叠50次。请问，这张纸的厚度将达到多少？

（2）德国心理学家陆钦斯做过一个有名的"量水实验"。他要求被试者根据预定的"需水量"来考虑怎样借助 A、B、C 三个空钵将水量出来。请把解答写在解答栏中，见表11-1。

表 11-1 "量水实验"

问题顺序	给定空钵的容积			大小需水量	解　答
	A	B	C	D	D＝B－A－2C
1	3	29	3	20	
2	18	43	10	5	
3	14	163	25	99	
4	3	127	2	100	
5	9	42	6	21	
6	20	59	4	31	
7	23	49	3	20	
8	15	39	3	18	

（3）将六个玻璃杯在桌上排成一排。前三个杯子盛满水，后三个杯子是空的，见图11-1，要求你只能移动或变换一只杯子，使杯子由"水—水—水—空—空—空"的排列变成"水—空—水—空—水—空"的排列。

图 11-1　移动或变换一只杯子改变六只杯子的排列顺序

任务11　突破思维定势

（4）请试一试。

① 尝试倒着走路。

② 习惯坐后排的同学改坐前排。

③ 喜欢收拾东西的同学不妨随意一下。

④ 下雨的时候不打伞走出去。

⑤ 改变一下到教室的路线。

⑥ 换一种方式和别人打招呼或问好。

⑦ 尝试另外的运动项目。

⑧ 把吸收式读书改为批判式读书。

⑨ 以欣赏的心态看待自己曾不感兴趣的课程。

二、书本型思维定势的突破

由于对书本知识的过分相信而不能突破和创新的思维方式，就叫作书本型思维定势。"纸上谈兵"就是最典型的案例。如果死读书，只限于从教科书的观点和立场出发去观察问题，不仅不能给人以力量，反而会抹杀创新能力。所以学习知识的同时，应保持思想的灵活性，注重学习基本原理而不是死记一些规则，这样才能做到学以致用。

（1）知识并非力量。

（2）对自己进行逆向教育。

（3）不要为读书所累。

灯泡的体积

有一个叫阿普拉的人，毕业于普林斯顿大学数学系，并且在德国留过学，因此他有些看不起爱迪生，经常在爱迪生面前炫耀自己。有一天，爱迪生为了教训一下傲慢的阿普拉，让阿普拉算一只灯泡的体积是多少。在数学上，规则物体的体积可以比较容易地计算出来，但是对于不规则的物体，在数学上很难计算出确切的体积。阿普拉拿过灯泡，心想："虽然不容易计算，但是还难不倒我。"他拿出了纸笔和计算工具，开始忙起来。一个多小时过去了，爱迪生来看他算好了没有，阿普拉擦着汗说："还没有，快了，算了有一半了。"爱迪生看了看桌子上10多张16开大白纸，忍不住笑了："不用那么费事，还是换一个方法试试吧。"阿普拉却说："我用的这个方法是最简便的了，你再等一会儿。"又一个多小时过去了，阿普拉还在苦苦地计算着。这时爱迪生拿过灯泡，把里面灌满水，然后将灯泡里的水倒在量杯里，对阿普拉说："这就是它的体积。"这时阿普拉终于明白过来，这才是最简单、准确的方法。这个故事告诉我们，解决问题首先要选择正确的方法，选择方法要根据不同的问题进行具体分析。阿普拉没有经过分析就一头扎进数学的解法中，数学的方法不是不科学，只是不能简单、快速地解决这个问题。

三、权威型思维定势的突破

人们经常会有意或无意地遵从权威人士的想法，不少人习惯于引证权威的观点，不假思索地认为权威的言论、看法就是真理，一旦发现与权威相违背的观点或理论，便想当然地认

科学思维能力训练

为必错无疑,这就是人们思维的另一误区。这种遵从权威的想法主要来自教育的结果和受"专业权威"的影响。

(1) 敢于大胆怀疑。

(2) 审视权威。

- 是不是本专业的权威?
- 是不是本地域的权威?
- 是不是当今最新的权威?
- 是不是借助外部力量的权威?
- 其言论是否与权威自身利益有关?

人类百米极限是多少?

2008年,美国名将、田径世锦赛冠军盖伊在100m比赛中跑出了9.68s的成绩,但遗憾的是,由于比赛当天风速达到了4.1m/s,高于国际田联规定的风速2m/s的标准,因此这个好成绩与世界纪录无缘。

即便如此,9.68s的惊人成绩毕竟是人类历史上第2次跑进9.70s。(1996年,汤普森也是在超风速的情况下跑出过9.69s,这不得不让大家重新讨论那个或许永远没有答案的课题。)

人类百米极限速度到底是多少?

10s

10s的百米极限速度是很久以前的说法了。1968年6月20日,美国名将海因斯在美国田径锦标赛预赛上跑出9.80s(手工计时),这是人类历史上首次跑进10s大关,但因为顺风速度不合标准未被承认,不过他在复赛上跑出9.90s,这次成绩货真价实,被载入史册。同年奥运会,海因斯跑出9.95s,摘得金牌,正式宣告10s不再是人类极限。

9.90s

10s是人类短跑极限的说法不攻自破之后,9.90s又成了下一道关口。美国田径传奇明星刘易斯在1991年日本东京世界田径锦标赛上发挥出众,以9.86s的成绩打破世界纪录,人类从而正式站在9.90s的极限关口之上。

9.80s

8年之后,9.80s的新极限又被人类攻破,这一次横空出世的是美国名将格林,他在1999年雅典田径大奖赛上跑出了9.79s。

9.70s

科学家关于人类极限速度的论断一次次被海因斯、刘易斯、格林这些传奇明星推翻,但这并不妨碍专家做出新的极限预测,9.70s成了美国科学家达成共识的极限速度,至少在1999年到现在近十年的时间里,确实还没有人可以正式地突破这个极限。鲍威尔、博尔特、盖伊不断努力接近新的极限,2009年8月14日,博尔特所创造的9.58s的新世界纪录距离已经突破9.70s。9.58s与体育运动专家提出9.90s、9.80s、9.70s这样看似"保守"的预测不同,数学、物理、生理学专家对百米极限有着更激进的观点。旅居德国的荷兰数学家阿尹马鲁教授通过复杂的计算推断人类百米极限为9.29s,这是纯理想状态下的理论最快速度。考虑到人身体对抗空气的阻力、肌肉负荷能力、蹬地获得推动力所消耗的力等因素,"数学派专

任务 11　突破思维定势

家"认为9.64s是更合理的极限。因为人不可能消灭空气阻力,人的肌肉韧性也是一定的,如果速度过快,肌肉将会撕裂。

现在的百米运动员不再追求模板式的体形和动作,盖伊有着疯狂的摆腿频率,鲍威尔上半身力量很强,博尔特身材瘦长、步幅大。事实上,他们都有些颠覆传统的天赋。正是由于他们迥异于传统风格,所以没人知道他们究竟能跑多快。如果说9.64s是人类的极限,那么博尔特在无风的状态下,在全力冲的状态下就跑出9.69s,那么这个所谓极限对他来说根本就不是极限。

在追踪人类、马和狗的速度进展时,丹尼以19世纪的历史纪录作为根据。他发现,在美国与英国的一些大赛中,马与狗的速度在19世纪70年代,有些更早便达到了极限,但在大多数人类的比赛中,却没有出现速度达到极限的现象。

四、从众型思维定势的突破

"从众"就是服从众人,顺从大伙,随大流。在"从众枷锁"的指导下,别人怎样做,我也怎样做;别人怎样想,我也怎样想。这种想法的产生源自群体的压力,认为跟着大家走,就一定没错。

(1) 相信真理常由一部分人掌握。
(2) 时刻保持清醒的头脑,不人云亦云。
(3) 敢于保持自我见解的独立性。

【思维训练】

1.(双线难题)从天花板垂下两条彼此远离的线,人在地上不能触摸到末端,借助旁边的物体也无法同时接触两条线,现要借助一把钳子在它们的末端打结,你会如何操作?

2.母亲有两个孩子,她想让两个孩子亲自动手分一块蛋糕,又要做到尽量公平,她就应用电视上看到的商业谈判的办法,让其中一个孩子切蛋糕,让另一个孩子优先挑,这样切蛋糕的孩子就会尽量合理切割,即使不公平也没有话说。商业谈判与家庭切蛋糕本来毫无关联,但是却在这里起了公平的作用。

3.有9个等距离的点组成一个正方形,要求一笔画下来,用4条直线把9个点全部连接起来(笔不能离开纸面),见图11-2。

图 11-2　用 4 条线连接 9 个点

用 3 条直线可以完成吗?

任务 12　墨菲定律

【任务要求】

通过本任务的学习,学生能够了解墨菲定律的含义,在将来的学习、生活、工作中如果能够利用墨菲定律,一定会克服心理障碍,解决实际问题。

【任务内容】

在日常生活中,大家常常碰到这样的事情:排队时我排的那个队总是最慢的;当我双手拿满东西时,鼻子开始发痒想打喷嚏;当我着急赶路时,一路总是遇到红灯;越想找的东西越找不到,不想找的时候这件东西反而出现在眼前了⋯⋯这就是无处不在的墨菲定律。

人们总是忘了快乐却记住痛苦,为什么一切总是出错?答案是 $\frac{1}{4}$ 的科学事实和 $\frac{3}{4}$ 的心理作用。在过去的四千年里,世界已经改变很多,而我们的大脑却没有改变。因此,我们一次又一次地发现,事情往往朝着你所想到的不好的方向发展,只要有这个可能性。

一、墨菲定律的起源

爱德华・墨菲(Edward A. Murphy)是美国爱德华兹空军基地的上尉工程师。1949 年,他和他的上司斯塔普少校,在一次火箭减速超重实验中,因仪器失灵发生了事故。墨菲发现,测量仪表被一个技术人员装反了。由此,他得出的教训是:如果做某项工作有多种方法,而其中有一种方法将导致事故,那么一定有人会按这种方法去做。

【实验分享】

我们一起完成一个小实验。

实验材料:全麦面包片若干、果酱少量、较大的白纸和餐刀。

实验步骤:

(1) 将白纸平铺在地上,占有一定面积为止。

(2) 将 5 片面包的单侧均匀涂抹上果酱,薄薄一层即可,防止因果酱的质量影响实验结果。

(3) 站在椅子上将面包竖直丢下。

(4) 5 片全部做完再记录结果。

(5) 重复试验 5 次,并统计数据。

任务 12　墨菲定律

实验统计结果见表 12-1。

表 12-1　面包实验统计结果

	第一组	第二组	第三组	第四组	第五组
正面朝下(无果酱)	2	4	3	3	2
果酱面朝下	3	1	2	2	3
厄运概率	60%	20%	40%	40%	60%

通过实验证明，墨菲定律并不是一定会实现的客观现实，而是关于心理暗示方面的哲学定律。墨菲定律在现实生活中并不是百发百中的，而是有一定的发生概率。这并不说明墨菲定律就是错误的，它具有一定的现实意义。

假定你把一片干面包掉在地毯上，这片面包的两面均可能着地。但假如你把一片一面涂有一层果酱的面包掉在地毯上，常常是带有果酱的一面落在地毯上。在事故后的一次记者招待会上，斯塔普将其称为"墨菲法则"，并以极为简洁的方式作了重新表述：凡事可能出岔子，就一定会出岔子。墨菲法则在技术界不胫而走，因为它道出了一个铁的事实：技术风险能够由可能性变为突发性的事故。

墨菲定律的适用范围非常广泛，它揭示了一种独特的社会及自然现象。它的极端表述是：如果坏事有可能发生，不管这种可能性有多小，它总会发生，并造成最大可能的破坏。"墨菲定律""帕金森定律"和"彼德原理"并称为 20 世纪西方文化三大发现。西方的"墨菲定律"(Murphy's Law)是这样说的："凡事只要有可能出错，那就一定会出错。""墨菲定律"的原话是这样说的：If there are two or more ways to do something, and one of those ways can result in a catastrophe, then someone will do it.(如果有两种或两种以上的方式去做某件事情，而其中一种选择方式将导致灾难，则必定有人会做出这种选择。)

根据"墨菲定律"可以得出：

(1) 任何事都没有表面看起来那么简单。

(2) 所有的事都会比你预计的时间长。

(3) 会出错的事总会出错。

(4) 如果你担心某种情况会发生，那么它就更有可能发生。

二、墨菲定律的应用案例

案例 1　"哥伦比亚"号事件。

2003 年美国"哥伦比亚"号航天飞机即将返回地面时，在美国得克萨斯州中部地区上空解体，机上 6 名美国宇航员和首位进入太空的以色列宇航员拉蒙遇难。"哥伦比亚"号航天飞机失事也印证了"墨菲定律"。如此复杂的系统是一定要出事的，不是今天，就是明天，合情合理。一次事故之后，人们总要积极寻找事故原因，以防下一次事故，这是人的一般理性都能够理解的，否则，或者从此放弃航天事业，或者放任下一次事故再次发生，这都不是一个国家能够接受的结果。

人永远不可能成为上帝，当你妄自尊大时，"墨菲定律"会叫你知道厉害；相反，如果你承

认自己的无知,"墨菲定律"会帮助你做得更严密些。

这其实是概率在起作用,人算不如天算,如老话说的"常在山里走,总会遇到石头"。再如彩票,连着几期没大奖,最后必定滚出一个千万大奖来,灾祸发生的概率虽然很小,但累积到一定程度,也会从最薄弱环节爆发。所以,关键是平时要清扫死角,消除安全隐患,降低事故概率。

案例 2 "马航 MH370 客机失联事件"。

2014 年 3 月 24 日,自"马航 MH370 客机失联事件"发生,时间已经过去十几天,搜救行动却一无进展,心系马航 MH370 的人们经历了最初的深感意外,到焦虑和迷惑。很多媒体都在分析马航事件,但"智通财经网"播出的《马航失联事件终极分析——致命的墨菲定律》中,主持人斯蒂芬用墨菲定律分析"马航 MH370 客机失联事件",可以说是一针见血。

墨菲定律第一条"任何事都没有表面看起来那么简单":马航客机失联后,众说纷纭,马来西亚当局隐瞒信息,斯蒂芬认为事件看起来没有那么简单。

墨菲定律第二条"所有的事都会比你预计的时间长":斯蒂芬讲到了目前各国搜寻工作,还是没有找到有价值的线索,马航 MH370 客机已经失踪多年,比很多人想象的时间还长。

墨菲定律第三条"会出错的事总会出错":在视频中,斯蒂芬描述了在 2012 年 8 月 9 日,MH370 航班所用的这家波音 777-200 型客机发生过一次意外。当时它在上海浦东机场与东方航空的 MU583 航班(机型为 A340-600)在右道口发生剐蹭,并在这次事故中被蹭断了右机翼。虽然马航当时对受伤的机翼进行了维修,但难保这架受过伤的飞机在今后的飞行中不再出事。"马航 MH370 客机失联事件"发生后,有空管人员认为,这次事件也有可能是由 2012 年那次事故的后遗症引发的。"波音 777-200 型客机如果维修不当、旧伤复发,可能导致转弯时一部分机翼解体。这也可以解释它为什么最后一次数据联络会报出下降 200m 加近 360°大角度转弯,飞机如果解体,求救信号也发不出来。"

墨菲定律第四条"如果你担心某种情况发生,那么它就更有可能发生":"智通财经网"用视频形象地报道了 2013 年 7 月 6 日,一架韩国亚洲航空公司波音 777-200 型客机在美国旧金山国际机场降落过程中发生事故,燃起大火。该事故造成 2 名中国学生死亡,百余人受伤。而目前"失联飞机"与韩亚空难机型一样,都是老式旧款的波音客机,很多人担心会再次出现类似的事故。尽管就目前公布的各种数据而言,也有人认为"马航失联"客机是劫机事件,但马航客机载油量正常最多可飞 8 小时,至今还没有搜查到降落的场地,极可能是机身故障坠毁。根据"智通财经网"引用一名美国高官所说,飞机已经坠入印度洋底的可能性非常大。

三、墨菲定律的启示

"墨菲定律"诞生于 20 世纪中叶,这正是一个经济飞速发展,科技不断进步,人类真正成为世界主宰的时代。在这个时代,处处弥漫着乐观主义精神:人类取得了对自然、对疾病以及其他限制的胜利,并将不断扩大优势;我们不但飞上了天空,而且飞向太空……我们能够随心所欲地改造世界的面貌,这一切似乎昭示着:一切问题都是可以解决的。无论是怎样的困难和挑战,我们总能找到一种办法或模式战而胜之。

正是这种盲目的乐观主义,使我们忘记了对于亘古长存的茫茫宇宙来说,我们的智慧只

任务 12 墨菲定律

能是幼稚和肤浅的。世界无比庞大复杂。人类虽很聪明,并且正变得越来越聪明,但永远不能彻底了解世间的万事万物。人类还有个无法避免的弱点,就是容易犯错误,永远会犯错误。正是因为这两个原因,世界上大大小小的不幸事故、灾难才得以发生。

近半个世纪以来,"墨菲定律"曾经搅得人心神不宁,它提醒我们:我们解决问题的手段越高明,我们将要面临的麻烦就越严重。事故照旧还会发生,永远会发生。"墨菲定律"忠告人们:面对人类的自身缺陷,我们最好还是想得更周到、全面一些,采取多种保险措施,防止偶然发生的人为失误导致的灾难和损失。归根结底,"错误"与我们一样,都是这个世界的一部分,狂妄自大只会使我们自讨苦吃,我们必须学会如何接受错误,并不断从中学习成功的经验。

我们都有这样的体会,如果在街上准备拦一辆车去赴一个时间紧迫的约会,你会发现街上所有的出租车不是有客就是根本不搭理你,而当你不需要租车的时候,却发现有很多空车在你周围出现,只待你的一扬手,车随时会停在你的面前。如果一个月前在浴室打碎镜子,尽管仔细检查和冲刷,也不敢光着脚走路,等过一段时间确定没有危险了,不幸的事还是照样发生,你还是被碎玻璃扎了脚。如果你把一片干面包掉在新地毯上,它两面都可能着地。但你把一面涂有果酱的面包片掉在新地毯上,常常是有果酱的那面朝下。

"墨菲定律"告诉我们,容易犯错误是人类与生俱来的弱点,不论科技多发达,事故都会发生。而且我们解决问题的手段越高明,面临的麻烦就越严重。所以,我们在事前应该尽可能地想得周到、全面一些,如果真的发生不幸或者损失,就笑着应对吧,关键在于总结所犯的错误,而不是企图掩盖它。

1. 从墨菲定律看安全管理的警示职能

正确认识墨菲定律:对待这个定律,安全管理者存在两种截然不同的态度:一种是消极的态度,认为既然差错是不可避免的,事故迟早会发生,那么,管理者就难有作为;另一种是积极的态度,认为差错虽不可避免,事故迟早会发生,那么安全管理者就不能有丝毫放松的思想,要时刻提高警觉,防止事故发生,保证安全。正确的思维方式是后者。根据墨菲定律可得到以下两点启示。

认识之一:不能忽视小概率危险事件。

由于小概率事件在一次实验或活动中发生的可能性很小,因此,就给人们一种错误的理解,即在一次活动中不会发生。与事实相反,正是由于这种错觉,麻痹了人们的安全意识,加大了事故发生的可能性,其结果是事故可能频繁发生。譬如,中国运载火箭每个零件的可靠度均在 0.9999 以上,即发生故障的可能性均在万分之一以下,可是在 1996、1997 两年中却频繁地出现发射失败,虽然原因是复杂的,但这不能不说明小概率事件也会常发生的客观事实。综观无数的大小事故原因,可以得出结论:"认为小概率事件不会发生"是导致侥幸心理和麻痹大意思想的根本原因。墨菲定律正是从强调小概率事件的重要性的角度明确指出:虽然危险事件发生的概率很小,但在一次实验(或活动)中,仍可能发生,因此,不能忽视,必须引起高度重视。

认识之二:墨菲定律是安全管理过程中的长鸣警钟。

安全管理的目标是杜绝事故的发生,而事故是一种不经常发生和不希望有的意外事件,这些意外事件发生的概率一般比较小,就是人们所称的小概率事件。由于这些小概率事件

科学思维能力训练

在大多数情况下不会发生,所以,往往被人们忽视,产生侥幸心理和麻痹大意思想,这恰恰是事故发生的主观原因。墨菲定律告诫人们,安全意识时刻不能放松。要想保证安全,必须从现在做起,从我做起,采取积极的预防方法、手段和措施,消除人们不希望有的和意外的事件。

2. 发挥警示职能,提高安全管理水平

安全管理的"警示职能"是指在人们从事生产劳动和有关活动之前将危及安全的危险因素和发生事故的可能性找出来,告诫有关人员注意并引起操作人员的重视,从而确保其活动处于安全状态的一种管理活动。由墨菲定律揭示的两点启示可以看出,它是安全管理的一项重要职能,对于提高安全管理水平具有重要的现实意义。在安全管理中,"警示职能"将发挥如下作用。

(1) "警示职能"是安全管理中预防控制职能得以发挥的先决条件。

任何管理,都具有控制职能。由于不安全状态具有突发性的特点,使安全管理不得不在人们活动之前采取一定的控制措施、方法和手段,防止事故发生。这说明安全管理控制职能的实质内核是预防,坚持预防为主是安全管理的一条重要原则。墨菲定律指出:只要客观上存在危险,那么危险迟早会变成不安全的现实状态。所以,预防和控制的前提是要预知人们活动领域里固有的或潜在的危险,并告诫人们预防什么和如何去控制。

(2) 发挥警示职能,有利于强化安全意识。

安全管理的警示具有警示、警告之意,它要求人们不仅要重视发生频率高、危险性大的事件,而且要重视小概率事件;在思想上不仅要消除麻痹大意思想,而且要克服侥幸心理,使有关人员的安全意识时刻不能放松,这正是安全管理的一项重要任务。

(3) 发挥警示职能,变被动管理为主动管理。

传统安全管理是被动的安全管理,是在人们活动中采取安全措施或事故发生后,通过总结教训,进行"亡羊补牢"式的管理。当今,科学技术迅猛发展,市场经济导致个别人的价值取向、行为方式不断变化,新的危险不断出现,发生事故的诱因增多,而传统安全管理模式已难以适应当前情况。为此,要求人们不仅要重视已有的危险,还要主动地识别新的危险,变事后管理为事前与事后管理相结合,变被动管理为主动管理,牢牢掌握安全管理的主动权。

(4) 发挥警示职能,提高全员参加安全管理的自觉性。

安全状态如何,是各级各类人员活动行为的综合反映,个体的不安全行为往往祸及全体,即"100-1=0"。因此,安全管理不仅仅是领导者的事,更与全体人员的参与密切相关。根据心理学原理,调动全体人员参加安全管理积极性的途径通常有两条:①激励:调动积极性的正诱因,如奖励、改善工作环境等正面刺激;②形成压力:调动积极性的负诱因,如惩罚、警告等负面刺激。对于安全问题,负面刺激比正面刺激更重要,这是因为安全是人类生存的基本需要,如果安全,则被认为是正常的;若不安全,一旦发生事故会更加引起人们的高度重视。因此,不安全比安全更能引起人们的注意。墨菲定律正是从此意义上揭示了在安全问题上要时刻提高警惕,人人都必须关注安全问题的科学道理。这对于提高全员参加安全管理的自觉性,将产生积极影响。

四、墨菲定律的演化版本

（1）别试图教会猫唱歌,这样不但不会有结果,还会惹猫不高兴。
（2）别跟傻瓜吵架,不然旁人会搞不清楚,到底谁是傻瓜？
（3）不要以为自己很重要,因为没有你,太阳明天一样会从东方升起来。
（4）笑一笑,明天未必比今天好。
（5）好的开始,未必就有好结果；坏的开始,结果往往会更糟。
（6）你若帮助了一个急需用钱的朋友,他一定会记得你——在他下次急需用钱的时候。
（7）有能力的——让他做；没能力的——教他做；做不来的——管理他。
（8）你早到了,会议却取消；你准时到,却还要等；迟到,就是迟了。
（9）你携伴出游,越不想让人看见,越会遇见熟人。
（10）你爱上的人,总以为你爱上他,是因为他使你想起你的老情人。
（11）一分钟有多长？这要看你是蹲在厕所里面,还是等在厕所外面。
（12）东西越好,越不中用。
（13）一种产品保证60天不会出故障,等于保证第61天一定就会坏掉。
（14）东西久久都派不上用场,就可以丢掉；东西一丢掉,往往就必须要用它。
（15）你丢掉了东西时,最先去找的地方,往往也是可能找到的最后一个地方。
（16）你往往会找到不是你正想找的东西。
（17）你出去买爆米花的时候,银幕上偏偏就出现了精彩镜头。
（18）另一排总是动得比较快；你换到另一排,你原来站的那一排,就开始动得比较快了；你站得越久,越有可能是站错了排。

五、墨菲定律应用分析

墨菲定律的内容并不复杂,道理也不深奥,关键在于它揭示了在安全管理中人们为什么不能忽视小概率事件的科学道理；揭示了安全管理必须发挥警示职能,坚持预防为主原则的重要意义；同时指出,对于人们进行安全教育,提高安全管理水平具有重要的现实意义。

墨菲定律告诉我们,容易犯错误是人类与生俱来的弱点,不论科技多发达,事故都会发生。而且我们解决问题的手段越高明,面临的麻烦就越严重。所以,我们在事前应该尽可能想得周到、全面一些,如果真的发生不幸或者损失,就笑着应对吧,关键在于总结所犯的错误,而不是企图掩盖它。人永远不可能成为上帝,当你妄自尊大时,"墨菲定律"会叫你知道厉害；相反,如果你承认自己的无知,"墨菲定律"会帮助你做得更严密些。

墨菲定律不是让人怨天尤人,一直惧怕,而是要我们在事前尽可能想得周到、全面一些,在工作中做得更严密些！

【思维训练】

1. 根据墨菲定律分析一下情况：中国运载火箭每个零件的可靠度均在0.9999以上,即发生故障的可能性均在万分之一以下,可是在1996、1997两年中却频繁地出现发射失败,虽然原因是复杂的,但这不能不说明小概率事件也常发生的客观事实。请根据这些大小事故

科学思维能力训练

原因,利用"墨菲定律"解释这一小概率事件。

2. 宁波-舟山港域是世界上最繁忙的港域之一,通航水道内船型复杂,船舶数量众多、尺度和船速不一、操纵性能参差不齐等问题,致使该港域,特别是警戒区周围引航风险不断增大。后面港务局提出用"J"轮的方法冲滩,在随后的实行中完成冲滩,并成功抛锚,没有造成人员伤亡,但事故仍对港口生产以及当事引航员和船员造成一定影响。请根据这次事故,利用"墨菲定律"解释这一方法的适用性。

任务 13 借势思维与运筹调度

【任务要求】

通过本任务的学习,学生能够掌握科学思维的方法和技巧,善于运用借势思维解决看似不能完成的困难,同时实现利益的最大化。运筹调度在交通、工程里面应用较多,本任务通过案例教会大家如何合理调度资源,实现成本节约。

【任务内容】

主要讲解统筹思维中的借势思维和运筹调度,希望学生掌握这些高效的思维方法,并且使用这些方法解决生活与工作中的实际问题。

一、借势思维

让我们先来分享一则有趣的故事。

案例 1 一个拥有 17 只骆驼的老人,临死前给三个儿子留下了一个令人费解的遗言:骆驼的 $\frac{1}{2}$ 分给长子,$\frac{1}{3}$ 分给次子,$\frac{1}{9}$ 分给小儿子,但分配时不得宰割骆驼。正当三个儿子苦无良策时,路过一位骑骆驼的老人。老人得悉遗言的全部要求之后,便把自己的骆驼"借"给了这三弟兄,这样骆驼群里便有了 18 只骆驼。按照既定的比例,长子分得 9 只,次子分得 6 只,小儿子分得 2 只,兄弟三人共分走 17 只,分完以后,老人仍牵回了自己的骆驼。老人没有任何损失,只是把骆驼借给了三弟兄一次而已。这则故事的耐人寻味之处就在于三个儿子所运用的是"定势"的、机械的、直线型的思维方式,永远解决不了问题。而老人运用的是"借势"的思维方式,17 只骆驼不能按比例分配,借一只凑成 18 只就轻易地解决了问题。一个"借"字体现的是灵活的富有创造性的思维方式。这种借势思维在生活中也不乏实例,处处显示了人的智慧。

案例 2 有一次,我国一位著名的勘探专家率队到新疆塔里木盆地探石油,要经过一片沙漠。这片沙漠虽不大,可要穿过它也需要 10 天时间。但是,每人随身只能携带 8 斤粮食和 8 斤水,而每人每天起码要消耗 1 斤粮食和 1 斤水。当地又没有骆驼可以租用,这样他们在旅途中就会因无法得到粮食和水的补充而不能抵达沙漠的另一边。当然也可以雇佣民工,但他们每人也只能携带 8 斤粮食和 8 斤水,而且他们每天也要消耗 1 斤粮食和 1 斤水。这个问题对别人来说是难题,可是对石油勘探专家来说却是小菜一碟,你知道他用什么办法率队穿越沙漠吗?

科学思维能力训练

事实上,勘探专家从当地"借"了一些民工,每2名工作人员配备1名民工,这样他们一共背24斤粮食和24斤水,2天后,每人身上都只剩6斤粮食和6斤水。此时,民工分别给每名工作人员2斤粮食和2斤水,自己带着2斤粮食和2斤水返回,而工作人员则背着8斤粮食和8斤水,完成了剩下的8天路程,穿越沙漠!

这些智慧的故事,都利用了借势思维最核心的思想——"先借后还"。统筹地计划和安排了资源,使得资源有效地利用起来。

当现有的条件满足不了需要时,我们往往采取"借势"的办法:当自己的人力、物力不足,面临的机会不成熟时,借用别人的条件,以壮大自己的力量,提前获得成功。

其实,在学习中也可借鉴这种思想,"借势"的学习原则,在心理学上表述为"有效利用人与资源"。这个原则包括学习中善于与人协作,绝不一个人闭门造车、死学死记,而是与同学互帮互学并经常性地参加"读书沙龙"或学习小组活动,参加讨论或论辩,这样不但有助于减轻个人单独学习时引起的焦躁不安,还可以使学习的内容更全面、更深刻;学习中遇到自己解决不了的难题时,要主动向老师与同学"借力""借脑",勤学好问,务求甚解;很好地利用学校或公共图书馆,经常阅读书报杂志,一旦发现好的学习材料要及时收集;不断扩大知识面,虚心向成功人士借鉴学习方法并结合自己的情况付诸实践。

案例3 挪威人喜欢吃沙丁鱼,尤其是活鱼。市场上活沙丁鱼的价格要比死沙丁鱼高许多。所以渔民总是千方百计地想办法让沙丁鱼活着回到渔港。可是虽然经过种种努力,绝大部分沙丁鱼还是在中途因窒息而死亡。但却有一条渔船总能让大部分沙丁鱼活着回到渔港。船长严格保守秘密。直到船长去世,谜底才揭开。原来是船长在装满沙丁鱼的鱼槽里放进了一条以鱼为主要食物的鲇鱼。鲇鱼进入鱼槽后,由于环境陌生,便四处游动。沙丁鱼见了鲇鱼十分紧张,左冲右突,四处躲避,加速游动。这样一来,一条条沙丁鱼欢蹦乱跳地回到了渔港。这就是著名的"鲇鱼效应"。

以上三个案例都巧妙地运用了"借势思维"的思想。"借势思维"是一种做事达到事半功倍效果的思维模式,是职业生涯发展的催化剂。

那么实际学习或工作过程中该如何借势呢?可以通过以下途径。

(1)平台借势:"如果有人给你在火箭上提供了一个位置,那么,别管好坏,先上去再说。"这句话是一位企业家说过的。不管从事什么职业,平台很重要,一个好的适合自己的平台,可以让自己的"职场之路"走得又快又稳,这也是很多大学毕业生希望进入头部企业的原因。

(2)趋势借势:趋势就是未来,是某个可预测的时间段内资本和人不断涌入的领域。比如,很多传统车企发动机研究方向的汽车人才开始关注新能源方向的机会,这就是看到了行业的发展趋势,顺势而为。

(3)圈层借势:就是混圈子,进什么样的圈子会直接影响做事和思考的层级,优质的圈子内的经验可以相互借鉴、资源可以相互补充。一个人可以走得很快,但是一群人可以走得很远。

(4)前辈借势:我们初入职场的时候都会有师傅带、领导教,我们会跟导师、树标杆,就是在借助前辈的经验让自己成长得更快。

任务13 借势思维与运筹调度

"借势思维"可以加速职场中的成长,是职业生涯发展的催化剂。在你的学习经历中或者职业生涯发展中有过哪些借势的经历呢?

【任务训练】

卖汽水的小题近日推出一项优惠活动,1元钱一瓶汽水。班里生活委员筹集班费给大家买汽水喝,共筹集20元钱,请问最多可以喝几瓶汽水?

二、运筹调度

运筹调度原意是操作研究、作业研究、运用研究、作战研究,译作运筹学。"运筹"一词出自《汉书·高帝纪》中的一段话,"上(指汉高祖刘邦)曰:'夫运筹帷幄之中,决胜于千里之外,吾不如子房'(子房是刘邦的得力辅佐大臣张良的字)。""运筹"一词具有运用筹划、运谋筹策、规划调度、运营研究等内涵。运筹调度作为一门现代科学,是在第二次世界大战期间首先在英美两国发展起来的,有的学者把运筹调度描述为就组织系统的各种经营做出决策的科学手段。

运筹学调度已被广泛应用于许多领域,深入到经济的多个方面,诸如生产管理、市场预测与分析、资源分配与管理、工程优化设计、运输调度管理、库存管理、企业管理、区域规划与城市管理、计算机与管理信息系统等,随着社会经济和计算机的迅速发展,运筹学模型在经济管理中的作用将越来越受到重视,应用运筹学模型的领域越来越广泛。运输问题在经济生活中有这样一类问题:我们需要把货物从若干个地方运到其他若干个地方以满足需要,由于路途远近不同,因此其单位运价不同,我们的目的是使得运输的总费用最小。运筹学在物流方面的应用:在流通领域,应该大力推广运用各种新型高效的交通运输工具,实现公路、铁路、水运和空运等各种运输方式的合理配置及优化组合,提高运输效率。运筹学在物流领域中的应用也相当普遍,并且解决了许多实际问题,取得了很好的效果。

运筹调度已被广泛应用于工商企业、军事部门、民政事业等研究组织内的统筹协调问题,故其应用不受行业、部门之限制;运筹学既对各种经营进行创造性的科学研究,又涉及组织的实际管理问题,它具有很强的实践性,最终应能向决策者提供建设性意见,并应收到实效;它以整体最优为目标,从系统的观点出发,力图以整个系统最佳的方式来解决该系统各部门之间的利害冲突。对所研究的问题求出最优解,寻求最佳行动方案,所以,也可把它看成一门优化技术,提供的是解决各类问题的优化方法。

三、连环运作一举而三役济

宋真宗年间,京城汴梁发生过一场大火,一夜之间,整个皇宫化为一片废墟。火灾之后,宋真宗命令丁渭赶紧组织修复皇宫。当时,这么浩大的工程,困难确实不少。比如,取土就非常不易,因为要到郊区去取土,不仅路途遥远,运输也很不方便。与此同时,还要运输各种建筑材料,而且这些废墟上的垃圾杂物也很难清理运走,再加上修复皇宫的期限十分紧迫,这诸多困难让人感到真是难上加难。但是,丁渭巧妙地利用了流过汴梁的汴河非常出色地完成了任务。你知道丁渭是怎样做的吗?

丁渭巧妙地利用汴河的优势,在靠近皇宫的位置挖渠引水,一方面利用挖渠得到的新土

科学思维能力训练

建造皇宫,另一方面解决了运输土木的交通难题,利用水道将材料运进皇宫,可谓一举两得。最后,在皇宫修建完毕之时,再用废墟将渠掩埋,恢复原状,达到"一举而三役济"的最大功效。

挖渠、引水、埋墟、取土、运输、清理、互相补充、连环运作实在是高明:丁渭的"一举而三役济"充分体现了"运筹帷幄之中,决胜千里之外"的智慧,将统筹思想发挥得淋漓尽致。运筹是对资源进行统筹安排,为决策者进行决策提供最优解决方案,以达到最有效的管理。高效、合理、可靠的计划是运筹调度解决问题的基本保障。运筹调度的基本步骤为:确定目标—制定方案—建立模型—制订解法。在交通系统中,运筹思想显得尤为重要,争取短时高效地完成任务,是节省成本的重要方法,同学们可以亲自实践下面的训练活动来体会运筹帷幄的思想。

【思维训练】

1. 一列货车快要进火车站了,这时后面又开来一列特快列车,货车必须给它让道,可是这个小站只有一个分岔线,这个分岔线只有这两列火车的一半长。你如何把特快列车调到货车前面?

2. A、B、C 三条汽船沿着一条河道先后航行,同时 D、E、F 三条汽船也先后沿着同一条河道迎面而来,可是由于河道太窄,无法容纳两船并行,不过河道的一侧有一个恰容纳一艘船的河湾,请问,这 6 艘船如何统筹安排才能顺利擦身而过,继续航行呢?

任务 14 统筹思维与公平分配

一、统筹思维（高效计划）

语文课本中曾讲过我国著名数学家华罗庚的《统筹方法》。统筹方法，是一种安排工作进程的数学方法。它的适用范围极广，在企业管理和基本建设中，以及关系复杂的科研项目的组织与管理中，都可以应用。

怎样应用呢？主要是把工序安排好。以烧水泡茶为例。当时的情况是：没有开水，水壶、茶壶、茶杯要洗；火生了，茶叶有了。该怎样安排工序最省时呢？

办法甲：洗好水壶，灌上凉水，放在火上；在等待水烧开的时间里，洗茶壶、茶杯，拿茶叶；等水开了，泡茶。

办法乙：先做好一些准备工作，比如洗水壶、洗茶壶和茶杯，拿茶叶；一切就绪，灌水烧水；坐等水开了泡茶。

办法丙：洗净水壶，灌上凉水，放在火上，坐待水开；水开了之后，急急忙忙去找茶叶，洗茶壶、茶杯，泡茶。

哪一种办法最高效呢？我们能一眼看出第一种办法好，后两种办法都不好。这虽然是小事，但可以引出生产管理等方面的有用方法来。

水壶不洗，不能烧开水，因而洗水壶是烧开水的前提。没开水，没茶叶，不洗茶壶、茶杯，就不能泡茶，因而这些又是泡茶的前提，它们的相互关系，可以用图 14-1 中的箭头来表示。

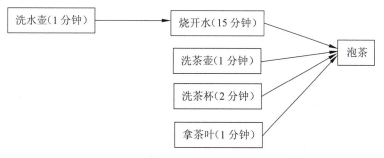

图 14-1 如何高效烧水泡茶喝

从图 14-1 可以看出，办法甲总共需要 16 分钟（而办法乙、丙则需要 20 分钟）。如果缩短工时、提高工作效率，应当主要抓烧开水这个环节，而不是抓拿茶叶等环节。同时，洗茶壶茶杯、拿茶叶总共不过 4 分钟，大可利用"等水开"的时间来完成。

是的，这好像是废话，卑之无甚高论。有如走路要用两条腿走，吃饭要一口一口吃，这些

科学思维能力训练

道理谁都懂得。但稍有变化,临事而迷的情况,常常是存在的。在近代工业的错综复杂的工艺过程中,往往就不像泡茶这么简单了。任务多了,关系多了,错综复杂,千头万绪,往往出现"万事俱备,只欠东风"的情况。由于一两个零件没完成,耽误了一台复杂机器的出厂时间,或往往因为抓的不是关键,连夜三班,急急忙忙,完成这一环节之后,还得等待其他环节才能装配。

洗茶壶、茶杯,拿茶叶,或先或后,关系不大,而且同是一个人的活儿,因而可以合并成图 14-2。

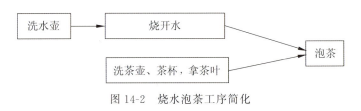

图 14-2　烧水泡茶工序简化

用数字表示任务,将图 14-2 转化为图 14-3。

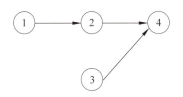

图 14-3　烧水泡茶工序数字简化

1—洗水壶；2—烧开水；3—洗茶壶、茶杯,拿茶叶；4—泡茶

看来这是"小题大做",但在工作环节太多的时候,这样做就非常必要了。这里讲的主要是时间方面的事,但在具体生产实践中,还有其他方面,利用这种方法来考虑问题,是不无裨益的。

——课文节选自《统筹方法平话及补充》

华罗庚先生把数学中的统筹方法应用于实际,筛选出以提高工作效率为目标的优选法和统筹法,取得显著经济效益。

早在 20 世纪 50 年代后期,美国出现了两种制订大型工程计划的新方法:计划评审技术和关键路径法,这两种方法在美国和其他许多国家的许多部门得到了广泛应用,并陆续出现了一些其他方法,我国在 1965 年由华罗庚教授首先推广这种方法,取其统筹兼顾、合理安排的主要思想成为统筹方法。这种方法很快在国防、工业、农业、交通和科研等方面的组织管理中,得到了实际应用并取得了显著成效。

统筹方法是一种计划管理的科学方法,它是编制大型工程进度计划的有效工具,对于工程负责人和计划员能够清楚地掌握整个工程进度,预见可能发生的问题,协调和控制各项活动,实现合理组织、统筹安排,使工程任务能顺利地按指定时间或提前完成,起到了重要的作用。

统筹方法的特点是:通过重组、打乱、优化等手段改变原本的固有办事格式,优化办事效率。它是一种安排工作进程的数学方法,适用范围相当广泛,在企业管理和基本建设中,以及关系复杂的科研项目的组织与管理中,都可以应用。统筹是一种综合思想,与其他综合思想的区别在于它有时间方向性。它所面对的是:①在解决某个问题的过程中(不管是一天还是一年甚至更久),解决对象会发生变化,解决问题的环境和条件会发生变化,解决问题的手段和方法会发生变化,以及由此产生的解决问题的目的或者要求也会发生变化。②特别是解决问题的对象、环境条件、工具方法、目的要求会同时变化,产生不确定性,它们变化的方向、速度、性质都不统一,产生离散性,在复杂的实践过程中,如军事作战中,四个方面的变化的不确定性和离散性常常同时出现,而且大多时候信息不全、不清、不明、不准,只有从实践整体的统一去认识和判断,即用统筹的思想和方法去指导,从人时、人空、时空的统一中把握,做出规划、策略和决策,才能突破障碍、协调平衡,取得预期的成效。

二、公平分配

公平分配是一种社会意识,一般我们会以按比例分配作为公平的一种准则,那么这个比例应该如何确定,比例的总体对象是什么?通过下面的一组训练,请同学们体会。

【课堂训练】

1. 三位旅行者到某地野营。为了取暖和做饭,小张拾来 5 捆柴,老王拾来 3 捆柴,老李因故没能拾柴,他需付出 8 元钱。这 8 元钱应如何分配?

2. 甲、乙两人在森林里探险,甲带了 4 个馒头,乙带了 7 个馒头,中午遇到了饥饿的丙,于是三人平分了 11 个馒头。吃完后丙摸出一个 1 元、一个 1 角两枚硬币说:"我只有这些,你们看着分吧。"

甲说:"我们应该各得一半。"

乙说:"你出了 4 个馒头,我出了 7 个馒头,应该你得 4 角,我得 7 角。"

请问他们说得对吗?你认为应该如何分钱?

【思维训练】

1. 夫妇要一起干三项家务。

(1) 地板要清理,他们只有一部吸尘器,需要花 30 分钟。

(2) 草坪要修剪,他们只有一部割草机,要花 30 分。

(3) 他们的孩子要喂食,还要哄孩子睡觉,这也要用 30 分钟。

问怎样安排这些家务以便在最短的时间里完成?

2. 小华双休日想帮家里做下面的事情:用洗衣机洗衣服要花 30 分钟;扫地要用 6 分钟;擦家具要用 10 分钟;晾衣服要用 5 分钟;擦地板要用 25 分钟;倒垃圾要用 3 分钟。请问她如何安排,才能高效地做完所有事情,完成这些事情至少要花多少分钟?

3. 电车公司维修站有 7 辆电车需要维修,如果用一名工人维修这 7 辆电车的修复时间分别为 12 分钟、17 分钟、8 分钟、18 分钟、23 分钟、30 分钟、14 分钟。每辆电车每停 1 分钟经济损失 11 元,现在由 3 名工作效率相同的工人单独工作,要使经济损失降到最低程度,最少损失多少元?

4. 小明一家要经过一座桥,因为是晚上,如果没有手电筒的话谁也不敢过,可惜只带了一个手电筒,桥又很窄,每次最多只能允许两个人通过。手电筒必须要传来传去,不能扔过

科学思维能力训练

去。每个人过桥的速度不同,小明要 1 分钟,弟弟要 3 分钟,爸爸要 6 分钟,妈妈要 8 分钟,奶奶要 12 分钟。当两个人一起过桥所用的时间只能按慢的那个人的时间计算。问小明一家怎样才能在 30 分钟之内通过这座桥?(要写出过程,而且要写出用了多少时间通过的。)

5. 爸爸、妈妈和女儿都饿极了,他们只有一个小烤架,只能放两块牛排,而且烤一面需要 10 分钟,问怎样才能在最短的时间里烤好三块牛排?

6. 货轮上卸下若干只箱子,总重量为 10t,每只箱子的重量不超过 1t,为了保证将这些箱子一次运走,问至少需要多少辆载重 3t 的汽车?

7. 理发店里有甲、乙两位理发师,同时来了 5 位顾客,根据他们所要理的发型,分别需要 10 分钟、12 分钟、15 分钟、20 分钟和 24 分钟。怎样安排他们的理发顺序,才能使这 5 人理发和等候所用时间的总和最少?最少要用多少时间?

任务 15　思维导图总结

【任务内容】

通过思维导图的讲解与训练，使学生明确思维导图的正确用法，掌握这一思维工具，在解决问题的过程中思维有条理，达到良好效果。

一、什么是思维导图

思维导图是一种开创性的思维工具，简单却又极其有效。英国著名心理学家东尼·博赞在研究大脑的力量和潜能过程中发现伟大的艺术家达·芬奇在他的笔记中使用了许多图画、代号和连线。他意识到，这正是达·芬奇拥有超级头脑的秘密所在。思维导图就是一幅幅帮助你了解并掌握大脑工作原理的使用说明书。它能够：增强使用者的超强记忆能力；增强使用者的立体思维能力（思维的层次性与联想性）；增强使用者的总体规划能力。

为什么思维导图功效如此强大？道理其实很简单。

第一，它基于对人脑的模拟，其整个画面正像一个人大脑的结构图（分布着许多"沟"与"回"）。

第二，这种模拟突出了思维内容的重心和层次。

第三，这种模拟强化了联想功能，正像大脑细胞之间无限丰富的联结。

第四，人脑对图像的加工记忆能力大约是文字的 1000 倍。

让你更有效地把信息输入你的大脑，或是把信息从你的大脑中取出来，一幅思维导图是最简单的方法——作为一种思维工具的思维导图所要做的工作。

它是一种创造性的和有效的记笔记的方法，能够用文字将你的想法"画出来"。所有思维导图都有一些共同之处：它们都使用颜色；它们都有从中心发散出来的自然结构；它们都使用线条、符号、词汇和图像，遵循一套简单、基本、自然、易被大脑接受的规则。使用思维导图，可以把一长串枯燥的信息变成彩色的、容易记忆的、有高度组织性的图画，它与我们大脑处理事物的自然方式相吻合。思维导图是让你事半功倍的笔记工具。朋友，你是否经常参加工作会议，或需要组织各种商业会议？你还是习惯于沿用自中学起就已熟悉的记录方法吗？一行行，一句一句地做笔记吗？但是，你是否知道这种传统记录笔记的方法并不能有效地帮助我们学习和思维。因为科学家们发现人的大脑对句子的处理并不是有序的。"思维导图"对传统的笔记方法提出了挑战，与传统的直线记录方法完全不同；它看上去就像一个人的神经网络图。博赞发明的这套方法极大地提高了人脑的理解能力和记忆能力，它对逻辑思维和创造性思维都有巨大帮助！通过使用"思维导图"，人们不再被动地去设法记下讲师的每句话和看一串长长的句子,而是积极地对关键字进行加工、分析和推理,并和演讲者积极地对话如何绘制思维导图。

二、思维导图的用途

很多人无论是在工作中还是学习和个人事业发展过程中,都希望达成一个关键目标,即提高其学习、记忆和记录信息的能力。思维导图的放射性结构反映了大脑的自然结构,它便以笔记形式出现的思想快速扩展,从而得到一张所有的相关的、有内在联系的清晰和准确的图形。这样,一个想法就可以很快而且非常深刻地生发出来,同时又能清晰地集中于中心主题。这种制作技巧能让人们最大限度地利用自己潜在的智力资源。

思维导图在我们的生活、学习和工作中有广泛应用。思维导图是一个不断发展和完善的工具,同时它也是一门不断精炼和提高的技术。它的应用如下。

1. 笔记(阅读、课堂、学习、面试、演讲、研讨会、会议记录……需要记录要点时)

当接收讯息时,用思维导图做记录。将要点以词语记下,把相关的意念用线连上,加以组织,方便记忆。用思维导图的好处是无论信息表达的次序如何,都能放在适当位置上。每个意念都是以词语表达,容易记忆。画思维导图的过程中,可帮助了解并总结信息及意念。

2. 温习(预备考试、预备演说……需要加深记忆时)

将已知的资料或意念从记忆中以思维导图画出来,或将以往画的思维导图重复再画出,有利于加深记忆。思维导图也能帮助组织意念,令意念更清楚。

3. 小组学习(头脑风暴、小组讨论、家庭、小组计划……需要共同思考时)

小组共同创作思维导图。首先由每人画出自己已知的资料或意念,然后将每人的思维导图合并及讨论,并决定哪些较为重要,再加入新意念,最后重组成一个共同的思维导图。在这个过程中,每个组员的意见都被考虑,提升团队归属感及合作意识。共同思考时,也可产生更多创意及有用的意念。最后的思维导图是小组共同的结晶,各组员有共同的方向及结论。

4. 创作(写作、学科研习、水平思维、新计划……需要创新时)

首先将所有环绕主题的意念都写下来,包括新的意念、不可能发生的;不用理会对或错,然后休息。再将意念组织合并,重新画出思维导图,但不要将不可能的划去。以为重要的意念可能有所改变。再休息让大脑放松,这时候创意可能产生,然后将思维导图改写。在这个过程中,思维导图帮助我们将大量的意念联系起来,产生新的意念,而且中心目标十分清楚。

5. 选择(决定个人行动、团体议决、设定先后次序、解决问题……需要做出决定时)

当有多个意念需要我们选择及做出决定时,思维导图可以帮助我们更全面及清晰地明白这问题。首先将需要考虑的因素、目标、限制、后果及其他可行性,用思维导图画出来;再将所有因素以重要程度或喜恶加权;最后尝试做出决定。

6. 展示(演讲、教学、推销、解说、报告书……需要向别人说出自己的思想时)

当我们需要向别人讲解自己的想法时,思维导图可以协助我们在预备时清楚自己的构思,令我们演说更具组织性及更容易记忆。在演说时利用思维导图可令听众容易明白,不用阅读长篇大论的文字。演说者也不用将预备好的句字读出来,令演说更配合听众的需要,增加双方的交流。如果有发问时,演说者可灵活地在思维导图上处理扩张,不会迷失在其他思路上,无论演说者及听众对所说内容印象多深刻。

7. 计划(个人计划、行动计划、研究计划、问卷设计、写作、预备会议……需要在行动前进行思考时)

当我们制订计划时,思维导图可帮助我们将所有要留意的意念写出来,再组织成清楚,具有目标的计划。设计思维导图时,环绕主题思考,不会迷失方向。完成设计后很容易组织及书写出报告。别人阅读计划时很容易了解计划脉络,容易跟进。

关于思维导图的使用效果,一个典型的例子就是:波音公司将原本须费时一年才能上完的工程技术训练,运用思维导图的方法重新整理课程之后,只需短短数周便能有效地执行完成训练计划,因为运用思维导图作为教育训练的工具大约节省经费达一千一百万美元。其实不仅是波音公司,现在世界上许多著名的大型公司,都因为思维导图在掌握资讯方面的作用卓有成效,而把思维导图作为他们的员工进入公司的必修课程之一。其中不乏微软公司、IBM 和惠普等世界 500 强企业。

下面笔者用思维导图展示出思维导图的用途,见图 15-1。

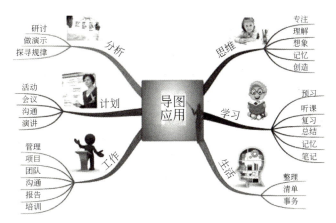

图 15-1 思维导图的用途

三、思维导图的绘制方法

绘制思维导图并不像你想象的那样复杂,正如成功并不像你想象的那样困难一样。绘制思维导图,需要做好以下准备工作:

1. 工具(你只需准备好下面提到的东西即可)

(1) A4 白纸一张。

(2) 彩色水笔和铅笔。

(3) 你的大脑。

(4) 你的想象。

2. 步骤

步骤见图 15-2。

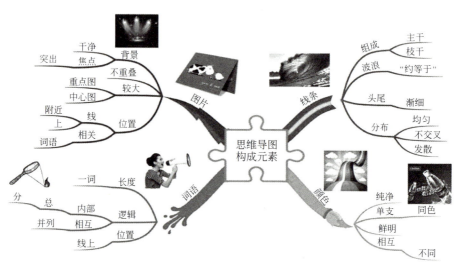

图 15-2　思维导图构成元素

（1）从白纸的中心开始画，周围要留出空白。从中心开始，会让你大脑的思维能够向任意方向发散出去，自由地、以自然的方式表达自己。

（2）用一幅图像或图画表达你的中心思想。"一幅图画顶一千个词汇。"它可以让你充分发挥想象力。代表中心思想的图画越生动有趣，就越能使你集中注意力做事情，集中思想，让你的大脑更加兴奋。

（3）绘图时尽可能地使用多种颜色。颜色和图像一样能让你的大脑兴奋，它能让你的思维导图增添跳跃感和生命力，为你的创造性思维增添巨大的能量。此外，自由地使用颜色绘画本身也非常有趣。

（4）连接中心图像和主要分支，然后再连接主要分支和一级分支，接着再连接二级分支和三级分支，以此类推。所有大脑都是通过联想来工作的，把分支连接起来，你会很容易地理解和记住更多东西。这就像一棵茁壮生长的大树，树枝从主干生出，向四面八方发散。假如主干和主要分支，或是主要分支和更小的分支以及分支末梢之间有断裂，那么整幅图就无法气韵流畅。记住，连接起来非常重要！

（5）用美丽的曲线连接，永远不要使用直线连接。你的大脑会对直线感到厌烦。曲线和分支，就像大树的树杈一样，更能吸引你的眼球。要知道，曲线更符合自然，具有更多美的因素。

（6）每条线上注明一个关键词。思维导图并不完全排斥文字，它更多的是强调融图像与文字的功能于一体。一个关键词会使你的思维导图更加醒目，更为清晰，每一个词汇和图形都像一个母体，繁殖出与它自己相关的、互相联系的一系列"子代"。就组合关系而言，当单个词汇具有无限的一定性时，每一个词都是自由的，这有利于新创意的产生，而短语和句子却容易扼杀这种火花效应，因为它们已经成为一种固定的组合。可以说，思维导图上的关键词就像手指上的关节一样。而写满短语或句子的思维导图，就像缺乏关节的手指一样，如同僵硬的木棍。

（7）自始至终使用图形。每一个图像，就像中心图形一样，相当于1000个词汇。所以，假如你的思维导图里仅有10个图形，就相当于记了10000个字的笔记！

3. 技巧

就像画画需要技巧一样，绘制思维导图也需要一些独特的技巧。这里所列出的只是最为基本的几点，更多的内容大家可以直接参考《思维导图丛书》。

（1）先把纸张横过来放，这样宽度比较大一些。在纸的中心，画出能够代表你心目中的主体形象的中心图像。再用水彩笔任意发挥你的思路。

（2）绘画时，应先从图形中心开始，画一些向四周放射出来的粗线条。每一条线都使用不同的颜色，这些分支代表关于你的主体的主要思想。在绘制思维导图时，你可以添加无数根线。在每一个分支上，用大号的字清楚地标上关键词。这样，当你想到这个概念时，这些关键词立刻就会从大脑里跳出来。

（3）要善于运用你的想象力，改进你的思维导图。比如，可以利用我们的想象，使用大脑思维的要素——图画和图形来改进这幅思维导图。它能使你节省大量时间和精力，从记录数千词汇的笔记中解放出来。同时，它更容易记忆。要记住：大脑的语言构件便是图像。

在每一个关键词旁边，画一个能够代表它、解释它的图形，再使用彩色水笔以及一点想象。它不一定非要成为一幅杰作。记住：绘制思维导图并不是一个绘画能力的测验过程。

（4）用联想来扩展这幅思维导图。对每一个正常人来讲，每一个关键词都会让他想到更多的词。例如，你写下了"橘子"这个词，你就会想到颜色、果汁、维生素C等（见图15-3）。根据你联想到的事物，从每一个关键词上发散出更多连线。连线的数量取决于你所想到的东西的数量，当然，这可能有无数个。

图15-3 "水果"的思维导图

科学思维能力训练

四、用思维导图完成本课程的总结

到这里,《科学思维能力训练》这本教材基本讲完了,同学们可以用思维导图完成我们这门课程的总结。用思维导图完成知识总结的时候,需要注意先对各个任务点进行概括总结,抽取出思维导图的第一层分支,然后再对概括出来的第一层分支进行第二层分支的概括总结,从而能够顺利地完成《科学思维能力训练》全部知识的总结。

图 15-4 显示的思维导图是对"大学物理"这门课程的总结,大家可以参考完成。

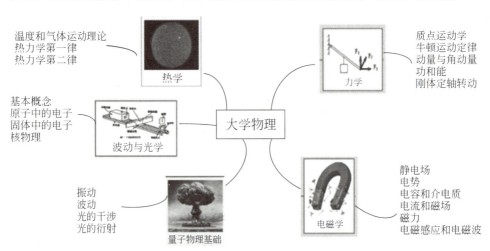

图 15-4 "大学物理"思维导图

【思维训练】

1. 请以"幸福"为主题,制作一幅思维导图。
2. 以下列各图为思维起点,展开联想,画出思维导图。

(1)　　　　　　　　　　　　(2)

3. 以下列词语为思维起点,展开联想,画出思维导图。

钢笔　　计算机　　手机　　电话　　浪漫的周末　　我的理想

参考文献

[1] 华图教育. 国家公务员录用考试专用教材：行政职业能力测验历年真题及华图名师详解[M]. 北京：红旗出版社,2021.
[2] 卢明森. 创新思维学引论[M]. 北京：高等教育出版社,2005.
[3] 王哲. 创新思维训练500题[M]. 北京：中国言实出版社,2009.
[4] 刘慧. 猎人与猎狗[M]. 北京：中华工商联合出版社,2004.
[5] 华罗庚. 统筹方法平话及补充[M]. 北京：中国工业出版社,1966.
[6] 阿布·布洛赫. 墨菲定律[M]. 大同：山西人民出版社,2012.